Supère

Pour en apprendre plus sur l'auteur :

http://michelproulxhumour.wix.com/michel-proulx-humour

Du même auteur :

Crois en tes rêves, 2014

Supère!

Les aventures d'un père essoufflé!

Nouvelles de

Michel Proulx

michelproulxhumour@videotron.ca

http://michelproulxhumour.wix.com/michel-proulx-humour

ISBN 978-2-9814399-1-8

Correction des textes Ginette Bouchard

Image de couverture : Michel Dupré

À mon épouse Joëlle, ma muse et à mes cinq enfants qui me permettent chaque jour de mettre à profit mon imagination débordante ainsi que ma créativité parfois démesurée.

Également, j'aimerais dédier ce livre à la mémoire de mon père, qui est décédé récemment. C'est lui qui m'a inspiré l'histoire : « L'hôpital »

Introduction

Je me prénomme Michel, « *Supère* » *(le livre)* a été inévitablement inspiré de ma vie familiale puisque je suis père de cinq enfants! Vous savez certainement qu'avec une aussi nombreuse marmaille, il faut souvent accomplir des miracles avec rien. Ces prodiges résultent de la créativité du parent et comme j'ai l'imagination très fertile, je réussis souvent l'irréalisable frôlant fréquemment la démesure.

J'ai imaginé « *Supère* » au début de l'année 2011 alors que j'étais étudiant à l'École nationale de l'humour, dans le cadre du programme d'auteur. Comme travail de fin de session, nous avions à présenter un projet pilote de série web et ce, devant des producteurs de l'industrie. Parmi les scénarios présentés, le mien a été sélectionné. Par la suite, une équipe de tournage a été mise à ma disposition.

(Merci à Caroline Lavoie pour sa collaboration au projet ainsi qu'à Carolyne Rhéaume et son équipe pour avoir transporté mes écrits à l'écran.)

Vous pouvez visionner le résultat de ce beau projet au :

https://wwww.youtube.com/watch?v=hXSAr3ZZph0

Dû au fait qu'il aurait fallu réaliser plusieurs tournages à l'extérieur et que le scénario comportait trop de personnages, le coût de la production en aurait été trop élevé. Mon projet web n'a donc pas pu voir le jour!

Cependant, comme tout bon artiste qui se respecte, je désirais ardemment que celui-ci soit vu et entendu du public. Alors, j'ai pensé que les coûts seraient plus abordables en transformant le projet web en « livre ».

Voici donc « Supère » le livre, garni d'historiettes aussi divertissantes les unes que les autres écrites avec humour et par-dessus tout, avec amour!

Bonne lecture!

Michel Proulx

Table des matières

1

La mort

Par une belle journée d'été, dans la cour de la famille Bazar, composée de cinq enfants, six en comptant Michel le papa qui adopte très souvent un comportement plus fantasque que ses rejetons.

La cour n'est pas très grande, mais bien remplie de jeux et de modules pour le plaisir des enfants : un trampoline pour Max (10 ans) qui adore sauter et faire des pirouettes ahurissantes, quel casse-cou ce Max! Un module de glissade et balançoires pour Élyka (6 ans) et Maude (8 ans) qui chantonnent des « tounes » de U2 en se balançant. Une piscine pour rafraîchir toute la famille; mais c'est surtout Catou l'adolescente qui aime s'y ébattre tout en surveillant son petit frère de 2 ans, Charles qui essaie de surnager accroché à sa grande sœur comme à une bouée. Un BBQ, exclusivité de Michel dit « Supère » qui justement est en train de nettoyer les grilles en vue d'y préparer le souper.

L'atmosphère est à la joie, toute la famille s'amuse, pour une rare fois sans crier trop fort.

Élyka, soudainement soucieuse s'approche de son père et lui demande de but en blanc « ***Papa, c'est quoi la mort?*** »

Michel _ *Hein...! La mort, la mort... comment t'expliquer ça ma cocotte? Ça, la mort, c'est quelque chose qui finit et des fois ça finit bien, mais des fois ça finit mal!*

Élyka _ *Si ça finit mal, c'est parce que c'est un film?* Interroge-t-elle.

Michel_ *Seulement si ton film s'appelle : « La belle-mère...»* réplique Michel avec un sourire malicieux.

Élyka _ *C'est quoi une belle-mère papa?*

Michel _ *Une belle-mère...euh! C'est ta grand-...m... euh! Une belle-mère c'est comme la méchante madame dans Cendrillon!*

Michel réalise la bêtise qu'il s'apprêtait à dire, il a chaud, il transpire. Heureusement, Max les rejoint et comme un grand, il prend part à la conversation.

Max _ *Moi je le sais c'est quoi la mort papa! La mort c'est quand t'es couché et pis que tu te fais bouffer par des vers de terre!*

Élyka dégoutée rétorque : « *mais c'est dégueu ce que tu dis là!* »

Maude toute excitée arrive en donnant sa version bien à elle : « *La mort c'est comme dans mon film de Barbie, il y a quelqu'un qui nous envoie de l'autre côté du miroir, mais si on chante assez bien, on va être délivré!* » dit-elle innocemment.

Michel, pris au dépourvu demande à Élyka pourquoi elle tient tant à savoir ce qu'est la mort.

La petite lui répond du tac au tac : « *Ben y a une maman au service de garde qui m'a demandé si j'habitais avec ma maman et mon papa dans la même maison et dans la même semaine…* »

Michel _ *OK, mais c'est quoi le rapport avec la mort?* Demande son père.

Élyka _ *Quand j'ai répondu oui à la madame, elle est partie en disant :* « *Mon chien est mort!* »

Max captivé, regarde sa sœur Élyka et lui demande : « *C'était un gros ou un petit chien?* »

Élyka énervée riposte: « *Ha! Je ne sais pas moi si c'était un gros ou un petit chien! C'est quoi la mort papa? Vas-tu me le dire* »

Découragé de la tournure que prend cette conversation, Michel se prend la tête à deux mains; ne sachant plus à quel saint se vouer. Puis subito, lui vient une de ses idées saugrenues qui pourrait bien satisfaire la curiosité de sa fille.

Michel _ *Les enfants! Tous dans l'auto, on s'en va faire un tour!*

Dans le temps de le dire, tous les six sont assis dans la voiture en route pour le salon funéraire le plus proche. Arrivés à destination, tous descendent de la mini fourgonnette et Michel assoit Charles, du haut de ses 2 ans, dans sa poussette pour ne pas avoir à courir après lui dans le magasin de cercueils. Ils pénètrent dans la lugubre salle de montre où plusieurs tombes sont en démonstration.

Michel se dit en lui-même: « Heureusement que maman Joëlle, n'est pas avec nous car elle n'aurait certainement pas approuvé cette idée farfelue! »

Michel _ *Voyez-vous les enfants, le bois qui a servi à fabriquer ces boîtes-là a déjà été vivant, c'était un arbre bien droit dans une forêt, mais un jour, quelqu'un l'a abattu et il est mort.*

Catou _ *Et qu'est-ce qu'ils font maintenant avec la boîte en bois?* Demande Catou intriguée.

Michel _ *On y enferme des morts!*

Élyka _ *Ils mettent d'autres arbres morts dedans?* Questionne Élyka stupéfaite.

Max _ *Ben non! Ils mettent du monde mort dedans!* Rétorque Max à sa sœur.

Maude ne semble pas comprendre.

Maude _ *Est-ce que le monde mort était en vie dans la forêt avant de les mettre dans la boîte?*

Michel _ *Ben non ma puce!* Répond Michel décontenancé, s'apercevant que ça se complique plutôt que de s'éclaircir dans la tête de ses enfants et dans la sienne également…!

Élyka, de plus en plus confuse, s'écrie : « *Pas besoin d'être mort pour entrer dans la boîte papa?* »

Michel prend sur lui et dit patiemment : « *Le bois qu'ils utilisent pour fabriquer la boîte doit être en vie pour que le cercueil soit de bonne qualité. Mais le monde dans la boîte doit être mort avant d'y être enfermé.* »

Max _ *Comment ils font papa pour embarquer dans la boîte s'ils sont morts?*

Catou _ *O.K. papa, là tu es en train de nous dire qu'il y a du monde qui tue un arbre en vie pour y mettre une personne morte? Pourquoi ils enlèvent une vie pour un mort?* S'insurge Catou.

Michel est de plus en plus embarrassé et ne sait plus où donner de la tête…

Michel _ *Parce que pour plusieurs, un arbre mort vaut beaucoup plus cher…euh!*

Maude poursuit son questionnement : « *Qu'est-ce qu'ils font avec la boîte une fois que la personne morte embarque dedans?* »

Pour ne pas trop effrayer ses enfants, Michel essaie de se faire rassurant : « *Ils ferment le couvert et ensuite, soit qu'ils brûlent la boîte, soit qu'ils la mettent dans un trou dans la terre!* »

Les quatre plus âgés restent bouche bée! Ils ont l'air tellement tristes que même Charles le tout petit ressent le malaise et se met à pleurer.

Michel ayant épuisé toutes ses ressources afin de répondre à la question de sa fille, sans toutefois y être parvenu voit un homme s'approcher d'eux. Il en profite alors pour changer sa stratégie. Il demande au vendeur : « *Pardon Monsieur, c'est combien pour un cercueil?* »

Le vendeur _ *Ce cercueil avec les poignées chromées se vend 10 000 $* S'empresse-t-il de répondre. « *Par contre nous avons plusieurs autres modèles moins dispendieux!* »

Max _ *Est-ce que les poignées chromées étaient en vie ou mortes quand vous les avez mis sur la boîte?*

Le vendeur ignore sa question au grand détriment de Max.

Michel profite de la présence et des connaissances du vendeur pour essayer sa nouvelle tactique : « *Ça prend quoi pour devenir vendeur ici Monsieur?* »

Le vendeur _ *Bien moi personnellement je suis thanatologue de formation, comme prérequis, il faut avoir beaucoup de compassion, de l'empathie et être très patient avec les clients. Et surtout, surtout, il faut être tout à fait capable de répondre à toutes leurs questions!*

Supère (alias Michel) _ *Bien justement, ma petite Élyka, elle a une bonne question pour vous. Vas-y ma puce, pose-la ta fameuse question!*

Toute heureuse, Élyka s'élance : *« **Monsieur s'il vous plaît, s'il vous plaît, pouvez-vous me dire c'est quoi la mort?** »*

2

La couche

Michel, accompagné de ses cinq enfants, roule dans le parc de La Vérendrye, pour aller rejoindre Joëlle, son épouse, en visite chez son père en Abitibi.

Michel, de descendance algonquine, adore ce parc, avec toute sa verdure luxuriante qui dégage une bonne odeur de sapin, il s'y sent comme chez lui. La mini fourgonnette est remplie de jouets et de bagages, et fait exceptionnel, un calme plat règne depuis une heure dans la voiture! Tout à coup, une odeur de « merde » remplit l'habitacle. Il n'en fallait pas plus pour que le silence se transforme en cris de détresse et en plaintes hallucinantes!

Max est le premier à chialer : « *Papa c'est dégueulasse! Y a quelqu'un qui a pété!* »

Élyka _ *C'est sûrement Maude*! Lance-t-elle sans aucune preuve.

Maude _ *Non! C'est toi qui pue! Ça sent la même chose que quand tu manges des rondelles d'oignons!*

Catou _ *Arrête Maude, je suis sûre que c'est toi la coupable!*

Max continue de gueuler en se pinçant le nez.

Tout à coup...

Charles _ *Papa, caca!* Dit Charles tout joyeux!

Michel hébété regarde son fils en s'écriant : « *Enfin! On a trouvé le coupable!* »

Michel arrête sur le bord de la route et n'y voit que la forêt, des arbres, rien que des arbres!

Michel _ *Donnez-moi deux minutes les enfants, papa va régler le problème.*

Michel vide le coffre de la mini fourgonnette, il empile tout par terre, il y a beaucoup trop de choses, car tout s'effondre. Au même moment, un véhicule de Transport Québec arrive derrière, gyrophares allumés.

L'employé _ *Vous voulez qu'on appelle une remorqueuse pour votre crevaison?* Demande l'employé de l'état.

Michel _ *Non merci, ce n'est pas un « flatte » le problème, c'est plutôt une « fuite! »* L'ouvrier fait demi-tour et le salue de la main sans trop comprendre.

Michel prend son fils à bout de bras encore incommodé par l'odeur et l'installe dans la valise vide. Gants de vaisselle aux mains et épingle à linge sur le nez, il s'adresse au cadet de la famille : « Viens *Charles, papa va changer les foufounes!* »

Au même moment, une voiture passe lentement et Michel a le temps d'entrevoir une fillette avec sa mère. En apercevant Michel, la petite, effrayée se met à crier: « *Maman, il y avait un extraterrestre à l'arrière de la voiture, je te jure j'ai vu un extraterrestre!* »

Après avoir changé la couche de Charles, Michel remet le petit dans son siège et boucle sa ceinture de sécurité. Ensuite il retourne derrière le véhicule, afin d'y replacer tout l'attirail qui prend presque toute la place. La couche d'une main, Michel tourne sur lui-même et ne voit que de la forêt, aucune poubelle à l'horizon, « *Qu'est-ce que je vais faire avec la couche souillée, je ne peux pas la laisser comme ça dans la nature, c'est contre mes principes écologiques* » se dit-il.

Michel place donc la couche dans le petit sac de plastique qui sert de poubelle dans la voiture, tout en réfléchissant à comment se débarrasser de cette chose malodorante! À peine reparti, la marmaille recommence à se plaindre de l'odeur.

Catou _ *Papa, Charles a encore fait dans sa couche!*

Max _ *Ouin! Ça pue encore*! Se plaint-il.

Tous se mettent à crier en cadence : « *Ça pue! Ça pue! Ça pue!* »

Même Charles le responsable se met de la partie et commence à pleurnicher.

Michel est à bout de nerfs, les cris des enfants le turlupinent et c'est quand il est claustré dans son désarroi que le petit hamster se met à tourner vite dans sa tête. Supère se met à imaginer des solutions aussi saugrenues les unes que les autres.

Michel _ *C'est correct! O.K. J'ai compris...* **SILENCE!** Explose-t-il!

Michel immobilise à nouveau la voiture : « *Ça ne sera pas très long les enfants, je reviens dans cinq minutes.* » En riant malicieusement! « *Catou, je ne serai pas loin, s'il y a quelque chose appelle-moi!* »

Excédé d'entendre les enfants chialer et se plaindre, il sort de la voiture et se dirige, hache à la main, vers la forêt toute proche. Il coupe un sapin et l'installe au beau milieu de l'habitacle entre les enfants, les séparant en deux groupes, deux à gauche et trois à droite le sapin prenant presque toute la place.

Une heure plus tard, Michel respire à fond avec un sourire narquois, il regarde ses enfants dans le rétroviseur; ceux-ci sont tous empêtrés dans leur siège, une branche de sapin sous le nez. Michel savoure la quiétude du moment, ils se sont tous endormis en humant la bonne odeur du sapin!

Supère (alias Michel) _ *Comme ça sent bon la nature!* murmure-t-il pour lui-même.

Une cinquantaine de kilomètres plus loin, Michel arrête dans une halte routière et jette dans une poubelle le malencontreux objet puant qui a été la cause de cet imbroglio.

Juste à côté, un gros « *container* » rempli de sapins attire son attention. On peut y lire : « *RÉCUPÉRATION* »

Tout est bien qui finit bien!

3

Le voyage au Mexique

Assis dans la cuisine, Michel sirote un café devant son portable. Maude, suivie de ses quatre frères et sœurs aborde son père : « *Excuse-nous papa de te déranger mais il faut qu'on te parle, on a quelque chose d'important à te dire.* »

Michel _ *Voyons ma puce, qu'est-ce qui se passe*? Demande Michel inquiet devant le sérieux des cinq enfants.

Maude _ *Bien, tous les cinq, nous nous sommes consultés et on aimerait partir en voyage où il fait chaud!*

Max _ *Oui! On a voté pour le Mexique!* Dit Max tout excité.

Michel abasourdi riposte : « *Quoi? Vous avez voté? Tous les cinq?* »

Catou _ *Oui! Et à l'unanimité!* Déclare-t-elle.

Michel ferme l'écran de son ordinateur et lance une boutade pour se donner contenance et réfléchit à ce qu'il va bien leur répondre.

Michel _ *Wow! Cinq enfants sur cinq qui vont voter! 100 % de taux de participation! Bravo! Vous êtes de bons petits citoyens à devenir, les meilleurs même!*

Michel _ *Vous savez qu'aller dans le sud ça coûte très cher! Nous sommes sept en tout, ça veut dire qu'il faut acheter sept billets d'avion! Ça serait super, malheureusement, je dois vous avouer qu'on n'a pas les moyens!*

Maude imperturbable, revient à la charge en fusillant son père du regard : « *C'est parce que tu ne nous aimes pas? C'est pour ça que tu y vas toujours juste avec maman! Elle, tu l'aimes alors tu l'emmènes, tandis que nous, on se fait toujours garder!* »

Michel _ *Ben non ma grande, papa vous aime tous autant que vous êtes, c'est seulement une question de budget. Tu ne me crois pas?*

Mais Maude fait signe que non et les autres l'imitent! Michel navré regarde ses enfants dodeliner de la tête.

Michel _ *Bon, venez voir, je vais vous le prouver!*

Michel relève son écran d'ordinateur, navigue sur le site internet d'une agence de voyages et cherche les forfaits pour le Mexique.

Les enfants surexcités d'apercevoir des images du sud, se mettent à sautiller de joie!

Michel _ *Calmez-vous, calmez-vous! Regardez, je vais entrer le nombre d'adultes : deux, ensuite, j'ajoute le nombre d'enfants : cinq, le total est de... 6 000 $ dollars! Ouf! Vous voyez bien que c'est hors de prix!*

Max _ *T'as juste à travailler un peu plus d'heures et ton patron va te donner plus de sous!*

Michel _ *Tu vois, papa préfère passer plus de temps à la maison avec vous, plutôt que de rester tard au travail. Et à 6 000 $ pour une semaine de vacances, papa va devoir coucher au travail pendant 6 mois!*

Élyka _ *Pourquoi ça coûte si cher, c'est pas juste! Nous aussi on veut aller dans le sud bon!* Rechigne Élyka.

Michel est désolé pour ses enfants, il tente de leur d'expliquer la situation du mieux qu'il peut.

Michel _ *Oui je le sais ma chérie c'est plate, mais tu vois, les compagnies affichent des spéciaux, genre moitié prix par enfant, maximum un enfant par adulte et comme vous êtes cinq, nous sommes trop nombreux pour bénéficier d'un rabais supplémentaire et pas assez en grand nombre pour profiter d'un forfait de groupe.*

Maude _ *Alors nous n'avons qu'à y aller deux à la fois!* Avance Maude croyant avoir trouvé une solution. « *La première semaine Catou et moi partons avec maman et toi, la semaine d'après c'est le tour à Élyka et à Max et la troisième semaine vous partez avec Charles! Voilà, c'est réglé!*

Michel prend une grande inspiration et affirme : « *Ça l'air simple comme ça, mais je ne suis pas certain que mon patron et mon gérant de banque accepteraient que je parte trois semaine en vacances!* »

Catou rapplique avec une deuxième solution : « *Si on revient à la case départ, tu travailles plus d'heures et nous, on fait les tâches ménagères pour te faire sauver du temps!* »

Max _ *Je vais vider le lave-vaisselle chaque soir*! S'empresse de dire son fils.

Catou _ *Et moi, je m'occupe de l'aspirateur! Et j'aiderai Charles à ranger sa chambre.* Renchérit l'aînée.

Maude _ *Je vais nettoyer la salle de bain! Et laver la toilette!*

Élyka _ *Et moi, je ferai l'époussetage de toute la maison!*

Michel se rend compte que ça ferait vraiment très plaisir aux enfants d'aller au Mexique et surtout, qu'ils sont prêts à tout pour y aller! Il se lève songeur : « *Six mille dollars! 6 000 $ piastres! Ça ne tombe pas du ciel!* » Se dit-il.

Pendant que les enfants, silencieux, sont sur le qui-vive, Michel se promène dans la cuisine; plein d'idées mijotent dans sa tête, il échafaude un plan comme lui seul est capable d'en imaginer…!

Une semaine plus tard, au supermarché, il y a cinq longues files d'attente à chacune des caisses. Au moment de payer, les clients remarquent que c'est un enfant qui emballe leur épicerie. Évidemment c'est un des enfants de Supère (alias

Michel)! Tout sourire, ils exhibent chacun une petite boîte de conserve avec une fente pour y recueillir des dons.

Les cinq joyeux lurons portent fièrement un t-shirt sur lequel est imprimé :

« FINANCEMENT VOYAGE MÉXICO! »

4

Le parc aquatique

Par une belle journée de juillet, maman Joëlle est au travail et Michel profite de sa dernière journée de congé de maladie pour passer du temps avec ses enfants.

En préparant un bon pique-nique, Michel leur annonce : *« Les enfants, sortez vos maillots et vos serviettes on s'en va au parc aquatique! »*

« Youppie! Youppie! » Crient en chœur les cinq enfants.

Chemin faisant, la famille toute joyeuse, chante dans la voiture jusqu'à destination. Quelle superbe journée! Les jeunes ont un plaisir fou à glisser encore et encore dans les bassins d'eau pendant des heures!

Vers 15h30, Michel leur dit : *« Dernière glissade les amis, c'est bientôt l'heure de partir! »*

Catou proteste _ *Ah non pas déjà!*

« Encore quelques minutes papa! » rouspète Élyka.

Maude et Max _ s'écrient : *« Nous voulons rester encore, il est tôt! C'est pas juste! Y a encore plein de monde! »*

Michel _ *Toute bonne chose a une fin. Je ne veux pas retourner dans le trafic à l'heure de pointe et il faut passer sous plein de viaducs avant qu'ils ne s'effondrent...! Et puis je travaille demain. On a plus d'une heure de route à faire. Une fois à la maison, je préparerai le souper pendant que vous irez prendre votre douche.*

Élyka _ *Mais papa, on s'est baigné tout l'après-midi, on est propres, on peut sauter une douche pour une fois!*

Michel _ *Maman dit que le chlore n'est pas bon pour la peau, il faut vous laver et vous rincer!* Dit Michel excédé.

Catou _ *Je suis certaine que maman ne dira rien pour le chlore, elle sera surtout fâchée que tu aies oublié de nous mettre de la crème solaire!* Lui répond celle-ci sur un ton accusateur.

« Oh! Oh! Maman ne sera pas contente, c'est sûr répètent les autres! »

Michel reste ennuyé, « *Comment a-t-il pu oublier la crème pour le soleil* » Rumine-t-il pour lui-même!

Aussitôt réfléchi aussitôt réglé dans la tête de Michel qui vient de trouver une ruse pour faire taire les enfants et leur faire prendre un bain avant de quitter.

Michel _ *Catou, surveille tes frères et sœurs, j'ai une bonne idée, je reviens tout de suite!*

Michel se dirige en courant vers la boutique cadeaux et revient aussi vite.

Michel _ *Je vous permets de rester une heure de plus dans les glissades, à condition que vous ne disiez pas à maman que vous n'avez pas mis de crème solaire! D'accord? Nous allons faire d'une pierre deux coups, venez me voir chacun votre tour.*

Les enfants retournent faire la file à leur glissade préférée, Supère (alias Michel) les a tous couverts de savon de la tête aux pieds un à un. À tour de rôle, ils glissent dans le bassin d'eau. Supère les attend à la sortie, les examine chacun leur tour et leur ordonne de retourner glisser tant qu'ils ne sont pas bien rincés.

De gaieté de cœur, les enfants retournent vers les escaliers encore et encore!

5

Apportez votre vin

Samedi soir, après le souper, Joëlle et Michel viennent de coucher Charles le plus jeune après son bain. Élyka, Max et Maude s'installent dans le salon pour une heure de télé avant d'aller au lit. Catou, fixe l'écran de son cell pendant que les autres fixent l'écran de la télé. Comme tous les ados, elle envoie des textos à ses amis.

Tout est relativement calme dans la maison de la famille Bazar.

Joëlle _ *Il y a longtemps qu'on n'a pas été prendre un verre tous les deux en amoureux! Et puis Catou vient de terminer son cours de gardienne avertie, elle serait très heureuse de se faire quelques dollars. Je suis certaine qu'elle va bien s'occuper de ses frères et sœurs.* Suggère-t-elle.

Michel _ *J'aimerais bien qu'on sorte moi aussi mon amour mais comme tu le sais, le budget pour* l'activité de la semaine a passé sur les quatre pneus neufs pour la voiture, je n'ai plus une « cenne » dans les poches!

Michel trouve toujours une solution, il se met à réfléchir très fort… ça y est!

Joëlle _ *S'il te plaît mon amour! Ça me tente tellement d'y aller!*

Michel _ *Donne-moi 2 minutes, je reviens! J'ai une idée!*

Il descend au sous-sol et place les deux bouteilles de vin qu'il a reçues pour son anniversaire dans un sac de la SAQ et remonte. Michel se dit : « *Après tout, avec 5 enfants, tous les moyens sont bons pour économiser.* »

Michel _ *Catou, ta mère et moi on te donne la responsabilité de la maisonnée pour la soirée, on te fait confiance, s'il y a quoi que ce soit, tu peux nous rejoindre sur notre cellulaire! D'accord? Je te donnerai 5,00 $ l'heure sur ma paye de la semaine prochaine! Ça te va?*

Catou est toute heureuse de leur prouver qu'elle est responsable et surtout de se faire un peu d'argent de poche!

Joëlle et Michel partent main dans la main en souriant. La soirée est magnifique, il fait un chaud 25°C, la soirée est prometteuse!

Joëlle _ *Où m'emmènes-tu mon chéri?*

Michel _ *J'ai remarqué qu'il y avait une superbe terrasse à deux coins de rues, on peut même y aller à pied!* Dit Michel avec un clin d'oeil complice et exhibant le sac de la SAQ!

Joëlle _ *« Supère » de bonne idée mon amour!* Elle n'en revient jamais de toutes les idées qui émanent de la tête de son mari. Elle se dit : *« Eh que j'ai épousé le bon gars! Il a toujours plus d'un tour dans son sac! »*

Sur la porte du resto-terrasse, on peut y lire :

« APPORTEZ VOTRE BIÈRE OU VOTRE VIN »

Ils s'installent à la terrasse pour un premier verre de vin, bavardent un peu mais les moustiques les persuadent de rentrer à l'intérieur. Le serveur leur assigne une table à l'écart près de la fenêtre et leur sert un 2e verre de vin avec plein d'attentions en leur présentant le menu. *« Prenez le temps de choisir, je reviens dans quelques minutes. »*

L'ambiance est décontractée, les lumières sont tamisées, les tourtereaux roucoulent sans même jeter un coup d'œil sur le menu! Le serveur revient et ouvre la 2e bouteille de vin. Impatient, il demande : « *Madame, Monsieur, je peux prendre votre commande? »*

Joëlle _ *Un peu plus tard s'il vous plaît!* L'informe Joëlle. « N*ous ne sommes vraiment pas pressés ce soir, pour une rare fois que nous sortons sans nos cinq enfants! On vous fera signe d'accord? »*

L'employé du restaurant fulmine en lui-même : « *Vont-ils se décider à manger ces deux-là? La cuisine ferme dans moins d'une heure! »*

Joëlle _ *Michel tu veux bien me servir un autre verre de vino?* Demande Joëlle tout doucement à son amoureux. Et Michel de vider la deuxième bouteille dans leurs deux coupes pendant que le resto se vide des derniers clients.

Trois heures se sont écoulées et le couple continue de converser tranquillement; le vin presque terminé ils sont heureux de leur mémorable soirée pour ainsi dire « gratos! »

Le serveur_ *Madame, Monsieur, il est maintenant trop tard pour commander un repas, le chef a fermé la cuisine!* Les prévient-il.

Michel _ *De toute façon, nous avions déjà mangé avant de venir!* L'informe Michel. *« Et comme vous n'avez pas de vino à nous offrir, eh ben! On va y aller hein Joëlle! On doit se lever tôt demain matin!*

Le couple quitte les lieux sans même laisser de pourboire! Le serveur les regarde sortir en les fusillant du regard!

6

Gardiennage

Après le lunch, Michel est au téléphone depuis au moins une heure, il tente désespérément de trouver une gardienne pour s'occuper des enfants. De son côté, Joëlle qui a un mal de tête lancinant, cherche aussi une gardienne sur son cellulaire.

Les enfants sont dans une de leurs mauvaises journées. Ils se chamaillent, crient, pleurent, se chicanent, luttent, rouspètent…! Vous savez, une de ces journées où on aimerait les expédier sur une autre planète!

Michel _ *Bonjour Nathalie, ici Michel Bazar le papa de Charles, Maude, Max, Catou et Ély…ka! Allô! Allô! C'est la deuxième fois qu'elle me raccroche la ligne au nez!*

Joëlle _ *J'appelle Madame Brière, notre voisine, sa voiture est là, elle nous a déjà dépannés une fois.*

Ça sonne 1, 2, 3 coups… Oups! C'est le répondeur…

Michel _ *Donne-moi le numéro, je vais lui parler... chut!* Ça sonne... *encore le répondeur...* après le message et la tonalité : « *Madame Brière, je vous en prie, répondez! Je sais que vous êtes là, votre auto est dans votre entrée et en plus je vous vois par la fenêtre! Nous avons un urgent besoin de votre aide... rappelez-nous! S'il vous plaît...! »*

Entretemps, le téléphone sonne et Michel va répondre : « *Ah! Enfin! Nathalie..., comme je suis content que tu rapp... hein! Comment ça de ne plus t'appeler? Qui ça qui sont trop tannants? J'comprends pas? Allô! Allô! Ben voyons donc, Nat? Elle a encore raccroché...! »*

Joëlle _ *On a épluché toute la liste de gardiennes, Michel je t'en prie, trouve une solution, j'en peux plus, la tête va m'éclater...!*

Il n'en fallait pas plus pour que Supère (alias Michel) se mette à élaborer une issue frisant la démesure! Il réussit à se convaincre lui-même... « *Ouais...ouais...ouais..., ça devrait marcher! »*

Pendant ce temps-là, on entend toujours la marmaille qui est en train de s'entretuer au sous-sol et dans le salon. Joëlle est sur le bord d'une crise de nerfs!

Michel lui fait un gros câlin pour la rassurer et lui demande de s'occuper des enfants afin qu'ils soient prêts à partir dans cinq minutes!

Joëlle _ *Habillez-vous, rapidement les enfants c'est urgent! On part dans cinq minutes!*

Michel enfourne couches, jus, collations, livres, jouets, jeux vidéo et linge de rechange dans deux sacs à dos. Joëlle a beau lui dire qu'ils ne partent que pour quelques heures, pas pour deux jours! Mais Michel lui répond : « *Il vaut mieux faire comme dans un film pour adulte, c'est-à-dire en mettre un peu trop!* »

Après avoir traité son cher époux d'abruti, Joëlle emmène les enfants dans la mini fourgonnette.

La famille Bazar roule une dizaine de kilomètres et stationne dans le parking de l'hôpital. Michel trouve difficilement cinq chaises en ligne dans la salle d'urgence pour y faire asseoir ses enfants.

Ceux-ci, tout penauds et confus de se retrouver dans une salle avec autant d'inconnus. Cependant ils sont contents de faire partie de cette surprenante balade!

Michel _ *Ça ne sera pas long les enfants, papa revient dans deux minutes.* Michel va droit au poste de garde et s'adresse à l'infirmière : « *Pardon Mademoiselle, je suis venu avec mes enfants et j'aimerais savoir combien d'heures d'attente il y a aujourd'hui?* »

L'infirmière _ *27 heures d'attente, Monsieur!* Lui répond-elle promptement.

Michel _ *27 heures? Sans blagues?*

L'infirmière _ *Si je faisais des blagues Monsieur, je ne serais pas ici, je serais humoriste et je ferais sûrement un meilleur salaire!*

Michel _ 27 heures hein? *Même si mon p'tit dernier saigne du nez?*

L'infirmière _ *Qu'il saigne du nez, du cœur ou des orteils, c'est pareil pour tout le monde, pas d'exception, c'est 27 heures d'attente!*

Michel insiste auprès de l'infirmière pour s'assurer qu'il n'y a aucune possibilité de passer dans les 2 ou 3 prochaines heures. L'infirmière lui confirme que c'est impossible, elle ne peut laisser passer aucun patient devant tout le monde.

L'infirmière _ *Premier arrivé, premier servi!*

Michel _ *Même si ma petite voisine qui est assise juste là est musulmane et qu'elle doit voir le médecin avant le lever du soleil?*

L'infirmière _ *On n'accommode personne, la petite devra attendre 27 heures comme tout le monde et se faire soigner en plein jour!*

Michel _ *Là-bas, il y a le copain de mon fils, il est de religion juive et dans six heures ce sera le Sabbat; ses parents ne seront pas tenus de signer le formulaire d'admission parce que ça va à l'encontre de leurs croyances religieuses. Allez-vous le faire passer avant?*

L'infirmière _ Harassée par les questions de Michel, elle hurle presque: *Pas question monsieur! Aucun accommodement raisonnable!*

En entendant crier l'infirmière, cinq ou six ethnies se lèvent et quittent la salle d'attente. Ça laisse de la place pour les enfants de Michel pour enfin les asseoir tous ensemble dans un coin presque à l'abri des regards.

Michel est satisfait « *C'est bon! C'est bon! On va faire comme tout le monde, attendre, languir et pa..tien..ter .... Des heures et des heures!* »

Il retourne vers sa famille et chuchote à Joëlle :
« *Il y a 27 heures d'attente chérie, pas plus, pas moins, on a amplement le temps!* »

Michel _ *Les enfants écoutez-moi bien, c'est important. Vous devez être très gentils et patients d'accord? Il y a des collations, des jus, des livres, vos jeux vidéo, donc il n'y a pas de raison pour qu'on vous entende crier ou chialer! Ici, il faut être silencieux car il y a des gens qui sont malades! Maman et moi on va aller visiter un ami qui est alité dans une chambre en haut et on revient ensuite.*

Maude _ *Pourquoi on ne peut pas venir avec vous?*

Joëlle _ *Parce que les enfants n'ont pas le droit d'entrer dans les chambres, il y a des microbes et donc risque de contamination! Si vous êtes bien sages, on vous emmènera ensuite manger une crème glacée de votre choix au Dairy Queen!*

Rien qu'à voir leurs sourires, les deux parents sont certains que leur progéniture ne leur fera pas honte!

Quelques instants plus tard, Michel et Joëlle sont tous les deux dans la voiture.

Joëlle _ *T'es certain que ça va être correct?*
Qu'ils ne manqueront de rien?

Michel _ *Ben oui mon amour, ne t'inquiète pas,*
tout va bien aller! Arrête de t'en faire, on m'a
confirmé qu'il y a 27 heures d'attente! ***Et le film***
qu'on va voir ne dure que deux heures!

7

Au cinéma

Michel _ *Aaahh!* Tout est silence dans la maison, Joëlle est au gym, les quatre plus vieux sont chez leurs amis et Charles fait sa sieste. Michel en profite pour lire le journal assis confortablement dans son fauteuil au salon.

Ring! Ring! Michel s'empresse de répondre de peur que la sonnerie du téléphone ne réveille le petit!

Michel _ *Martin! Salut vieille branche! Quelle surprise quand j'ai vu ton nom sur l'afficheur! Quoi de neuf? Toujours représentant pour la compagnie de séchoirs à mains?*

Martin _ *Oui! Oui! Justement, j'ai fait les meilleures ventes ce mois-ci et j'ai reçu plusieurs billets pour les cinémas dans ta région, et comme ce sont des films pour enfants, j'ai pensé te les offrir!*

Michel est content mais très surpris de cette soudaine générosité de la part de son ami qui d'habitude garde les billets pour lui!

Martin _ *Au prix que ça coûte d'emmener cinq enfants au cinéma, c'est sûr que j'ai pensé à toi! Je vais passer ce soir et te laisser les billets dans ta boîte aux lettres. Joyeuses Fêtes Michel ainsi qu'à ta famille!*

Les vacances de Noël viennent tout juste de commencer alors Michel compte bien faire profiter ses enfants de ce cadeau inattendu et se promet un blitz de films avec sa famille pendant le long congé! Les enfants vont être fous de joie!

Dès le lendemain, après le lunch, Michel rassemble son clan et fonce directement au cinéma.

Juste avant d'entrer dans la salle, Charles, qui est en apprentissage d'être propre interrompt la marche et chuchote : « *Papa, j'ai envie de pipi!* »

Max _ *Je vais aller avec lui, moi aussi j'ai besoin de me rendre au petit coin!*

Maude et Élyka _ *Nous aussi on doit y aller!*

Catou s'empresse d'aider son père : « *C'est beau papa, je vais avec les filles!* »

Michel _ *OK, c'est bon, mais dépêchez-vous! Le film va bientôt commencer! Je vous attends dans la salle!*

Les garçons partent en courant vers les toilettes des gars et les filles vers l'autre salle de bain.

Michel file à la salle de cinéma, s'installe et réserve des sièges pour ses enfants.

Deux heures plus tard, tous ont adoré le film « Les 101 dalmatiens » et ont bien hâte d'aller en voir un autre.

Deux jours plus tard, Michel emmène les enfants dans un autre cinéma où on présente cette fois un film drôle!

Au moment de quitter, les enfants rient de bon cœur en se remémorant les scènes les plus rigolotes et à tour de rôle ils vont jeter leur gros contenant de liqueur vide dans la poubelle près des toilettes.

Max, les jambes croisées dit: « *Papa, j'ai trop bu, il faut que j'aille au petit coin!* »

Les quatre autres, pliés en deux, les jambes croisées disent aussi que c'est une urgence!

Michel compréhensif : « *C'est beau, allez-y, je vous attends.* »

Le surlendemain…

Les six gaillards entrent dans un nouveau cinéma et cette fois, on leur a distribué des lunettes pour visionner le film Avatar en 3D.

Michel n'a pas remarqué son ami Martin, le donateur de billets qui s'est réfugié au fond de la salle et observe la famille Bazar du coin de l'œil!

Michel _ *Bon, avant de partir, allez déposer vos lunettes 3D dans la boîte qui est là-bas et profitez-en pour aller aux toilettes.* Évidemment, les cinq enfants de connivence, courent vers les salles de bain!

Une fois dehors, près de la voiture, Michel et les enfants se retournent subitement en entendant crier et gesticuler le gérant du cinéma! Croyant qu'il le salue, Michel lui rend son salut d'un grand geste du bras! Les cinq enfants le saluent aussi en riant à tue-tête!

Michel ne se rend pas compte que le bonhomme n'est pas en train de le saluer, mais qu'il est enragé, pour ne pas dire en beau joual vert!

Michel _ *Il faudra remercier mon ami Martin pour tout ça hein les enfants!* Dit Michel en démarrant l'auto.

Le gérant retourne dans la toilette des hommes. Il est furieux! Il fulmine et beugle contre les enfants de Michel tout en ramassant la tonne de papier essuie-main, que les enfants ont eu beaucoup de plaisir à lancer partout dans les cabines et sur le plancher!

Il continue de rouspéter à l'homme qui vient d'entrer et qui l'observe en silence!

Le gérant _ *Voulez-vous me dire pourquoi mettre des enfants au monde si t'es pas capable de les élever comme il faut! Voir si ça de l'allure de laisser ses enfants se comporter de cette façon!*

Martin, l'ami de Michel, le donateur des billets observait le gérant depuis cinq minutes. il lui dit : « *Je vous l'avais bien dit le mois dernier quand je suis venu vous rencontrer que le papier, c'est moins cher à l'achat, mais à long terme, le séchoir à main est beaucoup plus rentable! Dites-moi, combien de séchoirs à main vous allez avoir besoin et je passe la commande dès demain matin! »*

Le lendemain soir, Michel appelle son ami Martin pour le remercier chaleureusement pour les billets et lui raconte quels bons films il a vus avec les enfants dans les trois cinémas!

Martin _ En se frottant le menton : « *Mais mon cher, tout le plaisir a été pour moi. Au fait t'ai-je dit que cette semaine j'ai encore été le meilleur vendeur? Imagine toi donc que j'ai vendu douze séchoirs dans trois salles de cinéma…!*

8

La famille au resto

À chaque année, à l'automne, une visite est organisée dans plusieurs fermes de la région et pour Michel, c'est une excellente opportunité de sortir sa famille à moindre coût. C'est dimanche, il fait un temps superbe et la famille Bazar a bien apprécié la journée à la ferme. Une fois dans la voiture, la faim commence à tenailler les enfants et les parents!

Élyka _ *Maman, papa, qu'est-ce qu'on mange pour souper? J'ai faim!*

Il n'en fallait pas plus pour que les autres commencent à se plaindre du fait qu'ils sont trop loin de la maison pour attendre jusque-là! Ils ont l'estomac dans les talons!

Max _ *Je ne peux pas attendre, ça crie très fort dans mon ventre!*

Michel _ *Je ne sais pas ce qu'on va manger! Joëlle, est-ce que tu as sorti quelque chose à dégeler ce matin?*

Joëlle _ *Ben non, je croyais que tu t'en étais occupé!*

Bien que la route de campagne soit divertissante, les enfants s'impatientent de plus en plus.

Catou _ *Pourquoi est-ce qu'on ne mangerait pas au resto? Pour une fois!*

Michel _ *Sept personnes au restaurant c'est dispendieux! Nous n'avons tout simplement pas les moyens!* Et il refuse tout net.

Alors maman Joëlle et les cinq enfants se mettent à chanter en riant tous en chœur :

« *Restaurant! Restaurant! Restaurant!* »

Joëlle _ *Chéri, arrête de faire ton « gratteux! » En roulant on va sûrement trouver un resto pas trop cher.*

Heureusement, Michel vient justement de croiser le genre de restaurant qu'il souhaitait trouver!

Michel _ *Bon O.K., vous avez gagné on va souper au resto!* Dit Michel en stationnant la voiture.

Michel _ *Je vais aller voir s'il y a de la place, en attendant maman a des consignes à vous donner, car on ne tient pas à ce que vous fassiez comme la dernière fois et qu'on nous mette à la porte parce que vous dérangiez tous les clients!*

Supère (alias Michel) avec son sempiternel sourire malicieux ouvre la porte du resto!

Joëlle _ *OK tout le monde, écoutez-moi bien! Défense de dire que la madame est grosse ou que le monsieur est laid, défense aussi de roter, de péter ou de cracher et surtout, défense de s'arracher un cheveu sur la tête pour le mettre dans votre assiette pour avoir droit à un deuxième dessert! Bien compris? Des questions?*

Catou _ *Est-ce qu'on a le droit de se lever pour aller à la toilette?*

Joëlle _ *Oui à la condition que personne ne ramasse au passage le p'tit change qui traîne sur les tables!*

Max _ *Peut-on prendre un bonbon à la caisse avant de partir?*

Joëlle _ *Seulement si vous ne recrachez pas dans le bol ceux que vous n'aimez pas!*

Maude _ *On peut prendre une liqueur?*

Joëlle _ *Non, ça sera de l'eau!*

Élyka _ *Du jus alors?*

Joëlle _ *Trop de sucre! Un verre de lait ou de l'eau et c'est tout! Pas d'autres questions?*

À nouveau, tous en chœur : « *Chef! Non-chef!* »

Pendant ce temps, Michel dans le resto examine partout, le resto est vide! Il n'y a que le cuisinier et le propriétaire qui sont accoudés au comptoir, ils semblent désespérés, ils n'ont eu aucun client de la journée! Mais ils changent de tête dès qu'ils aperçoivent Michel!

Le Proprio _ *Bonjour et bienvenu au resto du coin! Une table pour ...? Un...?* Demande le propriétaire en souriant à l'unique client.

Michel _ *Non, en fait j'aimerais...*

Le Proprio _ *Pas juste utiliser les toilettes j'espère? La salle de bain est seulement pour les clients!*

Michel _ *Non, je voudrais juste...*

Le Proprio _ *Écoutez, vous avez l'air d'une bonne personne, mais on n'embauche pas de ce temps-ci.*

Michel _ *En fait, je voudrais une table pour sept personnes svp!*

Le Proprio, enchanté _ *Oh! Bien sûr, bien sûr, laissez-moi d'abord consulter la liste des réservations!*

En faisant semblant de consulter son livre, le propriétaire s'approche du cuisinier, et lui chuchote tout heureux :« *Allume les fours, c'est à soir qu'on fait notre journée!* »

Michel _ *Et puis? Pensez-vous pouvoir nous trouver une table?* Demande Michel qui commence à s'impatienter.

Le Proprio _ *Absolument, je vois que toutes les réservations sont pour la fin de la soirée.*

Michel _ *Merci monsieur, je vais leur dire de rentrer!*

Il ouvre la porte et sort la tête en criant :« *C'est beau, y a de la place! Venez-vous-en!* »

Les six affamés entrent, les enfants d'abord en courant et en criant à tue-tête!

Le Proprio _ *Vous ne m'aviez pas dit que vous étiez sept personnes?*

Michel _ *C'est exact, mon épouse, mes cinq enfants et moi! Ça fait sept!*

Le propriétaire découragé, apporte les menus à la famille en fulminant après son panneau publicitaire :

AU RESTO DU COIN
LE DIMANCHE
LES ENFANTS MANGENT
GRATUITEMENT

9

Intimidation

En ce début de printemps, Max se promène tranquillement dans la cour de l'école, quand trois jeunes caïds de sa classe l'agrippent par surprise, lui enlèvent sa casquette et se la lancent entre eux juste pour l'écœurer. Max retrouve sa casquette seulement lorsque la cloche sonne, bien sûr les 3 voyous courent rejoindre les rangs afin de ne pas se faire prendre par un surveillant. Le jeune Max est inquiet de cette situation car ce n'est pas la première fois que ça se produit!

Après l'école, Max raconte à son père qu'il s'est fait intimider dans la cour de récré. Michel, épuisé après une journée de travail l'écoute distraitement en continuant de brasser la sauce à spaghetti pour le souper.

Michel _ *Bien, ne te laisse pas faire, défends-toi!*

Max _ *Facile à dire, ils sont trois après moi!*

Michel _ *Ben là Max, je ne peux pas tout faire à ta place, va voir le directeur, c'est lui le boss à l'école!*

Max _ *J'ai déjà été le voir, mais il dit qu'il ne peut rien faire tant qu'il ne les prend pas sur le fait!*

Michel _ *Je ne peux quand même pas t'escorter matin, midi et soir à l'école! Va falloir que tu commences à trouver des solutions par toi-même!*

Démoralisé, Max va dans sa chambre et n'a pas hâte au lendemain, car il sait bien que les trois chenapans ne vont pas le lâcher de sitôt. Il s'allonge sur son lit et feuillette un journal. Une petite annonce attire son attention :« *Me débrouiller par moi-même hein!* » Il compose alors le numéro et s'informe *: « Bonjour, je viens de lire votre annonce dans le journal et j'aimerais profiter de votre offre deux pour un pour demain matin à 8h30 s'il vous plaît, voici l'adresse »* Et il donne l'adresse de son école avec tous les détails de ce dont il a besoin!

Le lendemain matin, Max déambule dans le corridor de l'école flanqué de deux jolies et séduisantes jeunes femmes dans la vingtaine déguisées en policières, leur chemise est très décolletée et elles portent des talons hauts! Il avance fièrement entre ses deux escortes. Tous les élèves qu'il croise restent bouche bée! Max et les deux filles passent devant le bureau du directeur où se trouvent les 3 sacripants, qui viennent de se faire pincer à intimider une autre victime. Le directeur et les trois vauriens sortent précipitamment du bureau pour dévisager Max et les pseudo-policières. Ils sont tout simplement estomaqués!

Grâce à cette mascarade, Max a enfin le respect de ses camarades de classe et il passe une excellente journée!

Bien entendu, sur l'ordre du directeur, les deux jolies demoiselles ont dû quitter l'école.

Quelques heures plus tard, un homme plutôt costaud, l'air menaçant, accompagné des deux escortes pseudo-policières sonne chez les Bazar. Michel ouvre la porte : « *Oui?* » Dit Michel.

Le costaud _ *C'est toi ça Michel Bazar?*

Michel _ *oui, c'est moi? C'est pour???*

Le costaud _ *Je viens d'aller chercher mes deux filles à l'école pis un certain Max m'a dit de mettre ça sur ton bill... Je ne fais pas de crédit!*

Sur l'entrefaite, Joëlle l'épouse de Michel arrive, elle jette à son mari un de ces regard soupçonneux! Michel ressent tout à coup un grand malaise!

Mais il devine aisément ce qui a pu se passer à l'école de Max! Après tout, celui-ci n'est-il pas le fils tout craché de « Supère! »

Michel _ *Chérie, fais-moi confiance mais il va vraiment falloir que je pige dans notre compte conjoint cette fois-ci, sinon, je risque fort de me retrouver avec les deux jambes dans le plâtre !!!*

10

Les points air lousses

Toute la famille Bazar, à bord de la mini fourgonnette arrive à la station-service pour faire le plein d'essence. Au fur et à mesure que son réservoir d'essence se remplit et que son portefeuille se vide, Michel observe que les enfants, restés dans la voiture, sont très excités, on dirait presque une conspiration! Le plein terminé, Michel va payer à la caisse et Maude l'apostrophe dès son retour!

Maude _ *Papa, as-tu présenté ta carte de points air lousses quand tu as payé?*

Michel _ *Mais Oui, comme d'habitude, pourquoi ma puce?*

Catou, l'ado, qui écoutait de la musique sur son *IPad* enlève subitement ses écouteurs « *Ha! Ha! Ha! Maude pense que si tu échanges tes points air lousses, on va enfin pouvoir allez coucher à Québec comme tu nous le promets à chaque année!* »

Michel _ *Écoutez les enfants, je voudrais bien vous y emmener, mais pour avoir une chambre double à Québec, ça prend trois millions de points et un million de points supplémentaires pour les repas, et d'après mes calculs, on devrait en avoir suffisamment dans environ…10 ans!*

Max _ *Tu n'as qu'à faire le plein d'essence plus souvent!*

Joëlle _ *C'est vrai, même que je pourrais acheter une deuxième voiture, comme ça je pourrais aider votre père à accumuler des points plus rapidement!* Dit Joëlle sarcastique.

Michel est épaté, il regarde son épouse :« *Ben oui! C'est ça! Excellente idée, j'ai trouvé! Joëlle, donne-moi ta carte de points air lousses, deux cartes ne seront pas de trop!* »

C'est alors que Supère (alias Michel) prend la carte de Joëlle, fait descendre les enfants et leur explique son idée abracadabrante. Les petits le suivent et font le tour de tous les clients qui sont encore sur place.

Maude _ *Bonjour Monsieur, avez-vous une carte de points air lousses?*

Le Client _ *Oui, pour quoi faire ma belle?*

Maude _ *Ben, si vous n'en aviez pas, je vous aurais prêté la mienne, car j'aimerais beaucoup que mon papa et ma maman puissent nous emmener à Québec, mais on n'a pas assez de points accumulés!*

Catou exaspérée, « *Parfois, j'ai honte de ma famille!* »

Le Client _ *Tu es trop mignonne petite, donne-moi ta carte, je vais faire mettre mes points dessus!*

Au même moment, Michel se tourne vers une nouvelle cliente : « *Voulez-vous faire un don air lousses madame pour de pauvres enfants qui aimeraient aller passer une journée à Québec?* »

11

Pains, épices boîtes et chocolats

Jeudi, 15h30, Michel regarde ses enfants revenir à la maison après l'école. « *Ouf! Ils ont l'air d'avoir eu une grosse journée!* » Se dit-il. Il remarque qu'ils sont tous les quatre encombrés de nombreuses boîtes! Ils en ont plein les bras!

Michel _ *Vous avez troqué vos sacs d'écoles contre des boîtes?* Demande-t-il en souriant.

Élyka _ *Non papa, c'est pour la classe neige! J'ai des chocolats à vendre si je veux pouvoir y aller!* Explique la petite.

Maude _ *Moi je dois vendre des épices! Tu imagines! Personne ne va vouloir acheter ça!*

Max _ *Et moi c'est plus que fragile! Je dois vendre des pains!*

Michel est bien embêté, l'entrée de la maison est pleine à craquer de boîtes de toutes grosseurs, il n'y a même plus de place pour passer. Michel demande à l'aînée Catou :« *Et toi? Tu vends quoi, des bas de laine?* »

Catou _ *Non! Seulement des boîtes!*

Michel _ *Ha! Ha! Ha! Très drôle!*

Catou _ *C'est vrai papa, je vends des boîtes cadeaux, des boîtes vides pour emballer des cadeaux!*

Michel _ *Au moins ça a l'avantage de ne pas être lourd, des boîtes vides tiens donc!* Dit Michel sarcastique.

Cependant, il est troublé, car comme tous les parents d'écoliers, il sait qu'en bout de ligne, c'est lui qui va être obligé de s'occuper du département des ventes!

Michel _ *Bon, allez faire vos devoirs tout de suite, après souper on sort! On va faire du porte-à-porte!*

Après le repas, Michel sort prendre une marche dans le voisinage avec les quatre plus vieux qui le suivent en file indienne les bras chargés de boîtes de toutes sortes. Michel place les enfants par ordre de grandeur en commençant par la plus petite et sonne chez le 5e voisin.

Le Voisin _ *Bonsoir, c'est pourquoi?*

Michel prend la parole, car Élyka est très timide.

Michel _ *Bonsoir monsieur, ma petite Élyka s'en va en classe neige et bien sûr pour couvrir les frais de transport, elle doit vendre du bon chocolat. C'est seulement 3$ la tablette!*

Le Voisin _ *Sûr que je vais l'encourager. Moi aussi à l'époque vous savez, j'ai été obligé de faire du porte-à-porte avec ma jeune fille, je sais ce que c'est que d'être obligé d'achaler la famille, les voisins et les collègues de travail!* Dit le bon voisin en sortant son portefeuille.

Élyka _ *Merci beaucoup monsieur!*

Le bon voisin trouve la petite tellement polie qu'il le souligne à Michel et mentionne à Élyka de revenir dès qu'elle aura autre chose à vendre.

Élyka _ *D'accord monsieur, c'est gentil à vous!*
Puis elle descend les marches et se place derrière
la file.

Au moment de fermer la porte, Maude s'avance
et frappe très vite deux petits coups.

Le Voisin _ *Re...bonsoir, vous avez oublié
quelque chose?*

Maude _ *Bonsoir monsieur, je m'appelle Maude,
je suis la sœur d'Élyka et moi je vends de bonnes
épices pour ma classe neige!*

Le Voisin _ *C'est bon! Ben oui, les deux petites
sœurs qui partent ensemble en classe neige!
Pourquoi pas! Je vais t'encourager aussi! Et puis
ma femme en a vraiment besoin, ses plats ne
goûtent presque rien!* Ricane-t-il.

L'homme donne des sous à Maude, et referme la
porte. C'est maintenant au tour de Max de passer
devant pendant que sa sœur cadette se place
derrière. Il sonne et le monsieur ouvre à nouveau,
mais cette fois, il ne sourit plus! Il a plutôt l'air
soupçonneux et méfiant!

Max _ *Bonsoir monsieur, euh...je vends du pain pour...*

Le Voisin _ Haussant le ton, le voisin crie à l'intention de Michel : « *Coup donc, c'est quoi le problème? Tu te lances-tu en affaires ou quoi? Je peux-tu avoir un peu de tranquillité s.v.p.! Me semble que j'ai été assez généreux pour aujourd'hui!* »

Le vieil homme, rouge de colère est sur le point d'exploser tellement sa pression est haute. Dans le temps de le dire, la porte s'ouvre toute grande et son épouse se pointe dans le chambranle en disputant son mari : « *Mais pourquoi cries-tu comme ça, espèce de vieux schnock? Tu veux traumatiser ces enfants-là? Ce n'est pas de leur faute si l'école les oblige à vendre des trucs! De toute façon, c'est Noël la semaine prochaine et on ne sait plus quoi offrir à la parenté et aux amis! Oh! Du bon pain, sors tes sous et prends-en deux, on va les congeler!* »

L'homme sourit de travers et tend quelques dollars à Max, prend les deux pains et referme la porte.

Michel _ *Ouf! À ton tour Catou!*

Pendant qu'elle sonne, Michel bouche les oreilles de la plus jeune car il appréhende les blasphèmes de la bouche du charmant voisin! Même si ces gros mots sont tous reliés à la religion!

Le monsieur ouvre la porte à toute volée et avant même qu'il n'ait le temps de dire un mot, Supère (alias Michel) lui suggère très fortement :

« Vous allez sûrement avoir besoin de boîtes cadeaux pour emballer tous vos achats! »

12

Le tuyau bouché

Quelle affaire! Un dimanche soir de juillet, la toilette du sous-sol chez la famille Bazar est bouchée! Michel essaie avec un siphon de la débloquer, mais rien n'y fait. *« Charlot, notre petit dernier a dû s'amuser à y jeter un objet pas mal plus rigide que du simple papier hygiénique. »* Pense Michel.

Relevant ses manches, Michel décide d'utiliser les grands moyens! Il sort tout son attirail d'outils et enlève complètement le cabinet de toilette! Joëlle considère cette mesure excessive parce que, mariée avec lui depuis plusieurs années, elle sait pertinemment que son mari n'est pas très doué en plomberie!

Joëlle _ *Mon amour, laisse le bol de toilette tranquille et va dehors comme prévu allumer les feux d'artifice que tu avais promis aux enfants!*

Michel _ *Malheureusement, les feux vont attendre à demain, il y a urgence ici ce soir!* Lui réplique-t-il tout fier, le torse bombé.

« Bravo » se dit Michel avec orgueil *« j'ai réussi à enlever le bol de toilette sans complication ».*

Il examine le tuyau qui s'étend de la toilette et qui va jusqu'au raccordement de l'égout.

Au grand soulagement de tous, la dame de la maison a la bienheureuse idée d'allumer un bâton d'encens pour éliminer la mauvaise odeur qui émane du tuyau.

Michel utilise un *« fish »* que le plombier se sert habituellement pour débloquer les drains. Il l'insère minutieusement dans le tuyau, mais à peine quelques mètres plus loin, le « fish » se coince! « *Ta%#*/-barouette ! Que ça va mal!* »

Michel _ *Rien à faire pour ce soir, c'est complètement bloqué, dès demain matin j'irai à la quincaillerie pour trouver un outil plus efficace.*

Cependant, Joëlle ne semble pas du même avis.

Joëlle _ *Non! Non! Mon cher mari, demain on va appeler un vrai plombier!*

Piqué dans son orgueil, Michel réplique : « *Mais ça coûte 75$ de l'heure un plombier!* »

Joëlle _ *On va appeler et on va se faire faire un prix, c'est pas plus compliqué que ça mon amour!*

Michel n'a d'autre choix que de se plier aux exigences de sa douce!

Le lendemain, à la première heure, Joëlle téléphone et dans l'heure qui suit, le plombier est déjà au sous-sol. Il glisse une caméra miniature dans la tuyauterie pour visualiser la cause de l'obstruction.

Le Plombier _ *Wow! C'est pire que ce que je pensais! Ce n'est pas un objet jeté par votre enfant qui a bloqué le tuyau!*

Michel _ *Ah! Non!* Dit Michel penaud! « *Qu'est-ce que c'est alors?* »

Les yeux de Joëlle lancent des éclairs à Michel, certaine que c'est son apprenti plombier qui est coupable du bris.

Le Plombier _ *Vous voyez sur mon écran l'amas de fils qui ressemblent à des cheveux? Ce sont de fines racines d'arbre qui bloquent le drain.*

Michel _ *J'espère que vous pouvez les déloger?*

Le Plombier _ *Ben non! Malheureusement, il y en a beaucoup trop, même avec un «fish» à lames on n'y arriverait pas, la masse est trop épaisse!*

Joëlle _ *Et que doit-on faire pour régler le problème? Condamner la toilette du sous-sol?*

Le Plombier _ *Non madame, il faut tout simplement creuser à l'extérieur où passe votre tuyau, puis changer la partie de la tuyauterie obstruée par les racines.*

Joëlle et Michel craignent le pire, car où ils doivent creuser, c'est l'entrée en asphalte!

Or, le prix de la machinerie additionné à la main d'œuvre en plus de la nouvelle tuyauterie sera exorbitant, selon le plombier il pourrait s'élever à plus d'une douzaine de milliers de dollars, une somme qu'ils ne possèdent absolument pas!

Bizarrement ils n'y a pas d'arbre sur leur terrain, c'est certainement un des trois gros érables de la voisine qui a causé le problème, ils n'ont donc pas envie de dépenser pour ça et encore moins d'occasionner une chicane de voisins.

Michel est découragé, il a beau se creuser les méninges, aucune idée biscornue ne lui vient.... pour l'instant...!

Joëlle _ Attendons un peu, après tout, on a une autre salle de bain fonctionnelle à l'étage.

Le jeune couple passe le reste de la soirée à discuter du comment réparer ça.

Joëlle _ *Avec nos cinq enfants, on n'a pas le loisir de se priver d'une deuxième salle de bain!*

Michel _ *Ma douce, ne t'inquiète pas, tout va s'arranger! Viens te coucher! Après un bon dodo, ça va aller mieux demain je te le promets! Parole de Michel!*

Oh! Oh! Joëlle soupçonne son mari de concevoir dans sa tête un plan diabolique comme lui seul est capable d'en imaginer!

Bingo! Le lendemain soir, Michel demande une réunion de famille...dans la salle de bain du sous-sol!

Michel _ *Les enfants, qu'est-ce que papa vous avait promis avant-hier?*

Tous en chœur, ils se mettent à crier : *« Des feux d'artifice, Youppie! Des feux d'artifice oui papa on veut des feux d'artifice! »*

Supère (alias Michel) ouvre un peu la fenêtre et ferme les rideaux pour que la pièce soit dans la pénombre. Après avoir mis les enfants à l'abri derrière lui, il s'agenouille devant le trou béant dans le plancher de la toilette, il allume la mèche du feu d'artifice et place l'autre extrémité de la douille au-dessus de l'ouverture du tuyau obstrué.

En quelques secondes, dix boules de feux jaillissent à intervalle d'une seconde, on entend de grands sifflements causés par l'écho dans la tuyauterie chaque fois qu'une boule de feu surgit. Les enfants applaudissent, ils sont fiers de leur papa, jamais ils n'avaient vu des feux d'artifice aussi spectaculaires!

Par malheur, Joëlle met fin à leur ravissement en versant deux litres d'eau dans l'ouverture du tuyau! Et elle se défoule sur son mari...

Joëlle _ *Ça va faire le malade! Des plans que tu mettes le feu à la maison! Es-tu après venir fou!*

Les enfants désappointés sortent de la pièce suivis de leur maman. Michel, replace le bol de toilette sur son beigne et rebranche la plomberie.

Puis il tire délicatement la chasse d'eau et MIRACLE! Ça a fonctionné! La tuyauterie est bel et bien débloquée!

Quelques jours plus tard, au retour de ses, vacances, la voisine trouve un de ses érables effondré sur son terrain elle ne comprend pas ce qui a pu se passer, un si gros arbre! Pourtant ses feuilles sont encore vertes, mais il n'a plus aucune racine. Elle aperçoit Michel sortant de chez lui.

La voisine _ *Monsieur Bazar qu'est-ce qui est arrivé à mon érable? Avez-vous été témoin de quoi que ce soit?*

Michel _ *Ben non, j'ai rien vu de spécial Madame Brière, par contre, il y a eu un gros orage électrique avant-hier, avec de grands vents, c'était épouvantable, les enfants ont eu très peur vous savez!*

Michel se penche et examine le pied de l'arbre duquel émane encore une odeur de soufre et de brûlé.

Michel _ *C'est bizarre, on dirait que les racines ont été épilées au laser! Vraisemblablement votre arbre a été frappé par la foudre Madame Brière! Avez-vous passé de bonnes vacances? Tant mieux, désolé, mais je dois aller travailler, je vous souhaite une bien agréable journée!*

13

Y a des matins comme ça!

Par un beau matin d'automne, à la sonnerie du réveille-matin, Michel ouvre un œil : « *Déjà, 5h30!* » Il fait encore très sombre, son autre œil ne veut pas ouvrir! De peine et de misère, il réussit à s'extirper du lit. Joëlle se réveille et lui annonce : « *Je ne me sens pas très bien ce matin, je crois que je couve une grippe, j'ai des courbatures partout...! »*

Michel _ *Tu peux rester couchée mon amour, je m'occupe de tout. »* Il se penche et l'embrasse tendrement sur la joue « *Dors-bien! »*

Il va tout doucement réveiller Élyka, passe dans la chambre de Charles le cadet, Michel n'est pas surpris de le trouver debout à sautiller dans sa bassinette, et hop! Le petit lui saute au cou et lui fait un gros câlin! « *Ça commence bien une journée ça »* Max et Catou lui lancent au passage *: « Bon matin papa! »* Finalement, il va réveiller Maude. « *Allez debout jeune fille, c'est l'heure de te lever!* »

Dans la cuisine les cinq enfants sont déjà attablés et attendent leur père pour le petit déjeuner.

Michel _ *Ne faites pas trop de bruit ce matin, votre mère est malade, elle a besoin de se reposer.*

Michel s'active à toute vitesse pour ne pas que les enfants soient en retard. Il sert des céréales à Charles et à Max, met une pop tart dans le four micro-ondes pour Élyka, insère une tranche de pain dans le toaster pour Maude tout en se préparant un café. Il met de l'eau chaude dans le gruau pour Catou puis il sert du jus et du lait aux enfants. Oups! La toast de Maude est brûlée, il met une 2e tranche dans le grille-pain, la pop tart a eu le temps de refroidir, il repart le micro-ondes. Michel sort un grand pain baguette pour les lunchs, le tranche en deux sur le long et y insère des viandes froides… pas le temps de finir, il beurre la rôtie de Maude, sort la pop tart éclatée du four micro-ondes car il avait malencontreusement pitonné 4 minutes! Et misère! C'était la dernière! Élyka chiale un peu, elle ne veut pas de toast, elle veut une beurrée de beurre d'arachides à la place. Michel prend une gorgée de café, il est froid, il remet sa tasse dans le micro-ondes. Ouf! Il commence à avoir chaud! Il ajoute des tranches de tomates et du fromage dans le pain baguette, le coupe en 5 morceaux, en met un dans chaque sac à lunch et comme dessert il ajoute 3 biscuits faits maison pour chacun avec un petit jus de pomme. Il avale son café trop chaud, se brûle la langue!

Michel _ *Ouch!* La main devant la bouche il leur crie *: « Les enfants allez tous vous brosser les dents et les cheveux en vitesse et habillez-vous, je veux voir tout le monde dans la voiture dans dix minutes! Catou, va aider Charlot à s'habiller s'il te plaît! »*

Michel regarde sa montre, il se dépêche pour ne pas que les enfants soient en retard à l'école. Finalement, trempé de sueur, Michel sort en courant rejoindre ses enfants dans la voiture.

Michel _ *Tout le monde est bien attaché?*

Les enfants _ *Oui papa, comme toujours! Mais où allons-nous comme ça?*

Michel _ *Mais, je vous reconduis à l'école, comme d'habitude!*

À bout de nerfs, Catou riposte : « *Mais Papa c'est quoi l'urgence nous* ***sommes samedi****!!! »*

Maude _ *J'espère que tu n'as pas oublié, aujourd'hui c'est la fête de maman!*

Michel est abasourdi, comment a-t-il pu penser qu'on était un jour de semaine, lui qui a toujours tellement hâte quand le week-end arrive! Par-dessus tout, comment a-t-il pu oublier l'anniversaire de son épouse?

Michel _ *Oh! my God! Quel impardonnable oubli! Je suis dans un beau pétrin!* Se dit-il! Il secoue la tête et reprend vite ses esprits!

Michel _ *N'est-ce pas l'avant-midi bricolage à la bibliothèque municipale aujourd'hui?*

« *Oui!* » Répondent-ils tous ensemble!

Supère _ (alias Michel) *Alors on s'en va pique-niquer à la bibliothèque et vous allez en profiter pour fabriquer chacun un beau bricolage pour l'anniversaire de votre mère pendant ce temps, j'irai acheter un gâteau et une carte de fête!*

14

Costgros

Un samedi avant-midi, l'horloge indique 11h00. Michel s'en va faire les emplettes au « Costgros » avec les cinq enfants. Criant et se bousculant, ils sont particulièrement agités aujourd'hui.

Max _ *Papa, on peut avoir un hot dog géant?* demande Max toujours affamé.

Michel _ *Non, pour une fois, j'ai promis à votre mère de bien vous nourrir.*

Catou _ *On a très faim! Mon beau papa d'amour, allez dis oui! Je t'en prie, en plus, on n'a pas eu de collations ce matin!*

Michel se sent mal, car voulant leur créer un souvenir d'enfance, il les a malheureusement habitués à s'empiffrer de ces « succulents péchés mignons géants » à chaque fois qu'il les emmène dans ce méga magasin. Par contre, il sait pertinemment qu'il n'y a rien de bon pour la santé dans les hot-dogs, mais lui-même a tellement gardé un bon souvenir des pogos que ses parents lui achetaient chez Woolco quand il était petit. Cependant, une promesse c'est une promesse et il ne décevra pas leur maman, pas aujourd'hui, parole de scout!

Michel fait semblant de ne pas les entendre chialer, et les jeunes très déçus, la mine basse, suivent leur père au département de l'automobile.

Michel _ *Bonjour Monsieur, vous avez de la place pour un changement d'huile aujourd'hui?*

L'employé, les mains toutes tachées de graisse lui répond : « *Bien sûr, mais votre voiture ne sera pas prête avant une bonne heure. J'ai déjà deux clients avant vous!*

Michel _ *Pas de problème ça fait même mon affaire puisque ça va me donner le temps de faire quelques emplettes!*

Michel remet ses clefs à l'employé de service, attrape un énorme panier et la petite famille se promène dans les rayons de nourriture.

À cette heure-ci, il y a plusieurs petites tables de dégustation. Ils s'arrêtent devant un comptoir de craquelins tartinés de différents pâtés, au thon, aux œufs ou poulet mayonnaise dont les enfants raffolent. Au bout de quatre bonnes minutes, la dame qui prépare sans arrêt des tartines pour la famille Bazar semble tout à coup très contrariée, car les six insatiables veulent goûter à tout et elle ne fournit plus!

La Dame _ *Eh! Ce n'est pas un buffet ici! Vos parents ne vous ont pas donné à manger ce matin?* En fusillant Michel du regard!

Michel _ *Mes enfants adorent vos craquelins ma chère dame, mais considérant votre commentaire, on va s'en aller sans en acheter! Votre manque de patience vous a fait perdre une belle vente!*

La Dame _ *Vous n'êtes qu'un profiteur!*

Michel _ *Venez les enfants, on va marcher un peu pour digérer la tonne de biscuits que vous a préparés la méchante sorcière!*

La Dame _ *Je vous ai entendu! Espèce de malpoli! Quel mauvais exemple à donner à vos enfants!*

La famille repart et au fur et à mesure des rayons de viandes ou autres, Michel remplit le panier de provisions de plein de bonnes choses à manger pour la maison.

Au tournant d'une nouvelle rangée, la famille se retrouve devant une table de dégustation de lait d'amandes. Plusieurs petits verres sont alignés devant deux contenants de lait d'amandes, un à saveur de vanille et l'autre de chocolat. Mais il n'y a personne derrière le comptoir pour remplir les minuscules verres et pour faire goûter.

Michel _ *Catou, c'est l'occasion rêvé de te pratiquer pour un éventuel travail d'été; va derrière la table et sers à boire à tes frères et à tes sœurs.*

Catou _ *Mais c'est gênant! Pourquoi tu n'y vas pas toi papa?*

Michel _ *Parce que c'est toi qui as besoin d'ajouter de l'expérience à ton CV!*

C'est ainsi que bien malgré elle, Catou la fille aînée de Michel, est devenue pour cinq minutes, serveuse de lait d'amandes.

Catou passe derrière la table et remplit quatre petits verres.

Catou _ *Ouache! Ça goûte pas très bon papa!*

Élyka _ *Je vais être malade!*

Maude _ *Moi aussi!*

Max _ *Je veux une liqueur papa! J'ai mal au cœur!*

Michel _ *Oh non, pas de liqueur! Maman dit qu'il y a plein de sucre là-dedans!*

Pour finir le plat, Maude qui a l'estomac fragile, jette son petit verre dans la poubelle près de la table et se penche au-dessus pour régurgiter le lait et les craquelins qu'elle venait de déguster!

Soudain, au bout de l'allée, un gaillard dans la cinquantaine, assez costaud, gesticulant et gueulant si fort qu'ils ont peine à comprendre ce qu'il rugit! Une chose est sûre, il n'est vraiment pas content de voir ce qui se passe à son comptoir; une ado debout à sa place en train de gaspiller le précieux liquide aux amandes.

Action/Réaction! Michel prend Charlot sous un bras et empoigne Maude par la main en disant : « *Max vite pousse le panier, les enfants on retourne en courant au service à l'auto, et si on se rend en moins de deux minutes sans être rattrapé par cet énergumène, je vous promets que je vous paye chacun un de ces bons hot-dogs géants et une liqueur!*

Catou _ *Et maman qu'est-ce qu'elle va dire?*

Michel _ *Si maman voyait le costaud qui nous court après, elle serait très d'accord croyez-moi! Vite, courez!!!*

Trente minutes plus tard, Supère (alias Michel) est soulagé. Une fois aux caisses, ils se sont fondus dans la foule, l'homme les a perdus de vue et est retourné servir son lait dégueu!

Attablés devant leur succulent péché mignon GÉANT, la famille rit aux éclats en se racontant les péripéties qu'ils viennent de vivre! Michel est heureux en regardant ses enfants se tordre de rire car il sait parfaitement que ces incartades resteront gravées dans les bons souvenirs d'enfance de ses petits!

15

Comptable pouvez-vous compter

Par une belle journée d'avril, Michel arrive chez son comptable, M. Dollar Vincennes, pour connaître le résultat de ses rapports d'impôts. En ouvrant la porte, Michel est perdu dans ses pensées. Il est déjà en train de dépenser cet argent qui lui tombe du ciel, après tout, pourquoi pas? Il a travaillé tellement fort l'année dernière! Puis les gouvernements lui doivent bien ça, M. Bazar n'a-t-il pas conçu cinq enfants qui leur paieront des taxes et des impôts dans quelques années!

Dans sa tête Michel se permet les rêves les plus fous! « *Quel bonheur lorsqu'il annoncera à Joëlle qu'ils partent bientôt en voyage dans les Caraïbes! N'est-ce pas essentiel pour solidifier un couple de se retrouver juste tous les deux sans les enfants, cette semaine de vacances-là sera enivrante!*»

En entrant, la réceptionniste lui désigne une chaise et lui demande de patienter un moment. Elle se dirige au bureau du comptable, ouvre la porte et dit *: « Monsieur Vincennes, Monsieur Bazar est arrivé. »*

Le comptable est consterné, il se demande comment il va apprendre la mauvaise nouvelle à son client. Il sait que Michel a cinq enfants et qu'il compte sur cet argent à chaque année pour arrondir son budget.

M. Vincennes _ *Très bien, faites le entrer!*

Michel _ *Bonjour M. Vincennes, très content de vous revoir!* dit Michel le sourire fendu jusqu'aux oreilles!

Dès que Michel s'assoit devant lui, le comptable le regarde avec une moue, on dirait presque qu'il va pleurer!

M. Vincennes _ *Monsieur Bazar, ce que j'ai à vous dire ne vous plaira sûrement pas!*

Michel devient tout pâle, tout à coup il a la nausée!

Michel _ *Coup donc! Allez-vous m'annoncer que j'ai perdu un membre de ma famille en chemin?*

M. Vincennes _ *Non, juste trois mille dollars!*

Michel _ *De quoi trois milles dollars?*

M. Vincennes _ *Trois mille dollars c'est ce que vous avez perdu! Du moins, si on peut dire ainsi puisque c'est la somme que vous devez aux deux gouvernements en impôts! Comprenez que cette année, votre femme a travaillé et vous avez cumulé deux emplois toute l'année durant!*

Michel n'en croit pas ses oreilles, il ne peut pas concevoir qu'un travailleur avec cinq enfants à charge doive payer de l'impôt!

Michel _ *Ben voyons c'est absurde! Avec toutes les factures que je vous ai fournies? J'en avais pour au moins cinq milles dollars!*

M. Vincennes _ *Écoutez Michel, vous ne pouvez pas déduire vos factures d'épicerie, d'essence, de pharmacie, de vêtements pour la famille, de restaurants, d'assurances ou d'entretien de la voiture sur vos impôts! Vous m'avez même donné vos reçus de cinéma et de vacances dans le sud!*

Michel se lève et se promène d'un bout à l'autre du bureau du comptable les bras dans les airs, gesticulant comme un forcené. Il est ébranlé!

Michel _ *Dans mon livre à moi... les parents qui ne prennent pas le temps de sortir en couple*

finissent souvent devant un psy. Donc à 90 $ la
séance multipliée par une vingtaine de séances...
c'est plus acceptable pour les gouvernements que
de déduire mes reçus de restaurants, de cinémas
et de frais de garde pour nos cinq enfants! Vous
êtes comptable, vous pouvez sûrement arranger
ça voyons!

M. Vincennes _ *Je comprends votre désarroi*
Monsieur Bazar mais malheureusement les
gouvernements ne voient pas ça de votre point de
vue!

Michel est dépité de ne pouvoir se payer le
voyage tant espéré! Il retourne bredouille à la
maison et informe sa douce moitié du vide
financier qui les accable.

Michel réfléchit à s'en fendre le crâne et se met à
faire des savants calculs! Et tout émoustillé, il les
soumet aussitôt à Joëlle!

Michel _ *Chérie, j'ai une « supère » de bonne*
idée, mais laisse-moi finir avant de dire non!

Joëlle n'est pas très encline à écouter les idées
saugrenues de son mari puisque ça ne se termine
pas toujours de la façon souhaitée!

Michel _ *Écoute-moi bien, j'ai fait des calculs mirobolants:*

- *Chaque enfant nous coûte environ 50$ en épicerie par semaine.*

À cela j'ajoute disons :

- *50 $ pour les espaces qu'ils utilisent dans la maison tels, leur chambre à coucher, une partie de la salle de bain, le salon, le sous-sol...etc.*
- *Ensuite, un autre 10 $ pour l'aide aux devoirs.*
- *35 $ chacun pour le service de garde.*
- *Un autre 20 $ pour le parascolaire.*

Puis si nous calculons :

- *300$ de vêtements par saison, cela équivaut à environ 25 $ semaine.*

Et pour terminer je dirais :

- *20 $ pour la gardienne lorsqu'on sort tous les deux.*

À combien on est rendu pour le fun?

Joëlle _ *Où veux-tu en venir avec ces calculs absurdes?*

Michel _ *Je ne suis pas comptable, mais je suis rendu à environ 210 $ par semaine pour chacun des enfants et là-dessus, les gouvernements ne nous remboursent à peu près rien.*

Joëlle _ *Et...???*

Michel _ *Regarde l'excellente publicité que j'ai trouvée en ouvrant le journal ce matin :*

COLLÈGE ST-ANDRÉ DES BOIS
VOTRE ENFANT EN PENSION COMPLÈTE
POUR AUSSI PEU QUE 150 $ PAR SEMAINE
DÉDUCTIBLE D'IMPÔT

Joëlle est en beau fusil, mais Michel sans aucun malaise est tout heureux de sa trouvaille!

Michel _ *Comme ce collège est relativement loin de chez nous, on pourrait mettre la maison en location et se prendre un petit apart pour quelques temps! Même si les enfants n'ont plus de chambre la fin de semaine, tu sais comment ils aiment faire du camping!*

Joëlle se précipite droit vers la garde-robe d'entrée, elle ramasse un sac de couchage et VLAN! Le lui lance par la tête!

Joëlle _ *Tiens! Tu feras du camping une couple de jours sur le divan et quand tu auras bien réfléchi à tes affaires, peut-être que tu pourras dormir dans notre lit!*

Michel _ *J'imagine que tu ne veux pas entendre parler de mon idée sur l'adoption?*

16

Prière de ne pas déranger

Début janvier, c'est le retour en classe des enfants après une dure période des Fêtes. Il est 5h30 et le réveille-matin de la famille Bazar sonne.

Joëlle _ *Je déteste les lundis matin!* Bougonne Joëlle en éteignant le cadran.

Michel _ *Moi je suis encore fatigué, nous avons été si occupés pendant le congé des Fêtes, il me semble qu'on ne s'est presque pas vus tous les deux! Vraiment, c'est quand la dernière fois que nous avons passé plus qu'une heure seuls juste nous deux?*

Joëlle _ *T'as raison mon amour, on serait dû! Alors qu'est-ce que tu proposes?*

Michel _ *Pourquoi on ne prendrait pas congé aujourd'hui! On va reconduire les enfants à la garderie et à l'école, on revient, on se fait un bon café et on s'écrase devant des films toute la journée! On pourrait commencer par un film* *d'action, puis un film d'amour et ensuite est-ce que ça te tenterait un petit film XXX....?* Lui demande Michel le regard plein de sous-entendus!

Deux heures plus tard, ils sont de retour dans leur nid d'amour. Pour être plus confortables, ils ont pris la peine de s'habiller mou, du vrai cocooning.

Quinze minutes après le début du premier film, on sonne à la porte. Michel met le film sur pause et va vite ouvrir afin de se débarrasser rapidement des intrus. Deux dames dans la soixantaine l'apostrophent avec un dépliant sur la vie et la mort... Michel a tout de suite compris qu'il s'agissait de «Témoins de Joshua», il sait que cette religion oblige ses membres à faire du porte-à-porte afin de recruter des nouveaux adeptes. Michel cherche un moyen de couper court à cette discussion sans trop vexer les dames.

Michel _ *Désolé mesdames de vous brusquer, mais j'ai passé tout le temps des Fêtes à m'obstiner avec ma belle-mère sur le temps de cuisson d'une dinde, sur est-ce que le Père Noël existe et aussi sur la date que le petit Jésus est né alors assez discuté! Merci! Bonsoir!*

Michel referme la porte sur les deux dames offusquées et mi-figue mi-raisin, il vient rejoindre son épouse qui pouffait de rire dissimulée derrière le divan! Michel redémarre le film et ZUT! dix minutes plus tard, on sonne de nouveau à la porte.

Michel _ *J'espère que ce n'est pas encore les Témoins de Joshua qui reviennent!*

Cette fois c'est le facteur *: « Bonjour Monsieur, voici une enveloppe pour vous, vous devez signer ici s'il vous plaît. Merci »*

Michel _ *Vous n'étiez plus censés offrir le service postal à domicile il me semble?*

Le facteur _ *Seulement pour les envois réguliers, cela ne s'applique pas sur le courrier recommandé. Une chance, sinon vous auriez été obligé de vous rendre en personne au bureau poste!*

Michel _ *Ne vous inquiétez pas, vous me dérangez quand même!* Lui répond Michel sarcastique.

Le facteur parti, le couple prend cinq minutes pour se préparer une bonne collation, de toute façon, la télé est sur pause depuis un bon moment déjà, donc cinq minutes de plus ou de moins! Joëlle prépare un grand bol de yogourt mélangé à des fruits pour elle et son amoureux.

Exactement dix-sept minutes plus tard, à peine ont-ils eu le temps de prendre quelques cuillérées, oui, dix-sept minutes précisément, Michel les a comptées et on sonne encore à la porte! Michel est sur le point d'exploser, lui qui a pris un jour de congé pour être tranquille avec sa femme à la maison, un jour complet sans avoir à arrêter le film à tout moment à cause d'un pleur ou d'une chicane d'enfants! « *C'est exaspérant à la fin!* » Se dit-il en rageant vers la porte.

Michel change d'attitude instantanément car cette fois, c'est son beau-père qui est devant lui.

Le Beau-Père _ *Salut le jeune! J'ai vu sur Facebook que vous étiez en congé, ça fait que j'en profite pour venir prendre un petit café avec vous!*

Michel _ *Ben oui, Facebook !* Lui répond Michel en regardant Joëlle de travers qui ne peut s'empêcher de tout raconter sur les réseaux sociaux.

Le beau-père est quand même resté une heure trente! Michel a soudainement une idée pour avoir enfin la paix. Il décide d'aller stationner les deux voitures sur une rue voisine. « *On va fermer tous les rideaux et si quelqu'un se présente, on va faire semblant qu'il n'y a personne.* » Pour plus de sûreté, Joëlle va même jusqu'à éteindre toutes les sonneries des téléphones de la maison.

Finalement, le jeune couple réussit à regarder non seulement la fin du premier film, mais aussi le deuxième, la comédie romantique. Certes des importuns ont sonné à la porte à quelques reprises, mais leur plan a super bien fonctionné, ils ont fait semblant d'être absents.

Michel est déçu, car avec tout le retard accumulé, ils n'ont pas le temps de regarder le dernier film qu'il conservait pour dessert. Malheureusement, l'heure de la fin des classes approche et ils doivent aller chercher les enfants.

Main dans la main, le couple prend une marche pour aller récupérer leurs voitures. Il tombe une petite neige fondante, l'ambiance est à l'amour, à la joie de vivre, quand tout à coup Michel est estomaqué, plus ils approchent de l'intersection où il a garé les autos, plus il constate que les deux voitures ont disparu.

Michel _ *Ça se peut pas! Les deux autos étaient stationnées juste là!* Dit Michel ébranlé.

Joëlle _ *Tu t'es sans doute trompé de rue, il n'y a aucun voleur qui partirait avec deux voitures en même temps. Il faudrait vraiment qu'on soit malchanceux!* Lui répond Joëlle sachant très bien que son époux a toujours de la difficulté à retrouver son auto lorsqu'il sort d'un centre commercial.

Michel _ *Non je te le jure! Les deux étaient là! L'une derrière l'autre!* Après quelques minutes à tourner en rond dans le secteur, Michel est convaincu qu'ils se sont fait voler les deux voitures. Inquiet, il appelle aussitôt la police.

Agent de police _ *Poste de quartier bonjour!* Répond un agent à la voix rauque.

Michel _ *Bonjour M. l'agent, mon nom est Michel Bazar et c'est une urgence. Mon épouse et moi nous nous sommes fait voler nos deux voitures en même temps, au même endroit!*

Agent de police _ *Ah! Oui, les deux en même temps et au même endroit? Ça me semble très très étrange!*

Michel _ *J'avoue…, surtout qu'elles ne sont pas neuves!*

Agent de police _ *Donnez-moi les numéros des deux plaques que je vérifie.* Michel donne à l'agent les deux numéros d'immatriculation puis on le met en attente quelques minutes. *« M. Bazar, j'ai votre dossier à l'écran, on vous a pourtant téléphoné à trois reprises vers les quatorze heures et un agent s'est même rendu chez vous pour vous aviser »*

Michel _ *Voyez-vous, ma femme et moi avons pris congé aujourd'hui, nous avions prévu une petite journée en amoureux alors vous comprendrez sans doute la raison pour laquelle nos téléphones étaient éteints et on ne voulait pas non plus répondre à la porte de peur d'être dérangés.* Bafouille Michel

Agent de police _ *Eh bien c'est votre jour de chance Monsieur Michel, car j'ai deux bonnes nouvelles pour vous! Premièrement vos deux voitures n'ont pas été volées, elles ont été remorquées à cause du déneigement, ce qui me laisse croire que la lecture de panneaux de stationnement ne faisait pas partie de vos activités de couple!*

Michel _ *Très drôle, et c'est quoi la deuxième bonne nouvelle?*

Agent de police _ *Demain vous serez encore en congé! Alors vous allez pouvoir passer une autre journée en amoureux!*

Michel _ *Je ne comprends pas?*

Agent de police _ *C'est bien simple, à cette heure-ci la fourrière est fermée, donc vous allez pouvoir récupérer vos voitures seulement demain.*

Michel avoue sa bévue à Joëlle. Juste à voir la façon dont elle fouille dans son sac pour empoigner son cellulaire, c'est évident qu'elle est en « petit Jésus » après son cher époux!

Michel _ *À qui tu téléphones mon amour?* Demande Michel piteux.

Joëlle _ *À mon père c't'affaire! Faut bien quelqu'un pour aller chercher les enfants, qu'est-ce que t'en penses!* Sur un ton de reproche.

Joëlle _ *Allô papa? Je m'excuse de te déranger à cette heure-ci, mais je n'ai plus d'auto pour aller chercher les enfants à l'école, peux-tu me dépanner s'il te plaît?*

Comme son père habite à deux pas, il lui propose de lui prêter sa voiture pour la soirée.

Michel _ *Et qu'a-t-il répondu?*

Joëlle _ *Il a la gentillesse de me prêter son auto.*

Michel _ *Et... lui as-tu raconté ce qui s'est passé?*

Joëlle _ *Bien sûr que non! Je suis certaine que tu te feras un malin plaisir de lui raconter ton étourderie demain matin lorsqu'il passera prendre son café avec toi!*

17

Les poux!

Un jeudi soir, au beau milieu du souper, toute la famille Bazar est réunie autour de la table et chacun raconte sa journée à tour de rôle.

Max raconte qu'il est inquiet à propos de son exposé oral en français qu'il doit faire en classe. Comme son enseignante choisit les élèves de façon aléatoire, il ne sait pas quand ce sera son tour. Mais une chose est sûre, il préfèrerait s'absenter plutôt que de parler devant ses camarades de classe. La timidité le paralyse!

Maude _ *Aujourd'hui à l'école c'était dégueu! Rachel a attrapé des poux! Je ne veux plus jamais m'asseoir à côté d'elle!*

Joëlle _ *Pas de panique à cause de ces petites bêtes-là! De toute façon ton amie Rachel devra rester chez elle tant que ses parents ne se seront pas assuré que sa tête est bien propre, que ses cheveux aient été traités convenablement et qu'elle n'ait plus aucun pou.* La rassure sa mère.

Michel _ *Moi, je peux prendre des araignées dans mes mains, des lézards et même des couleuvres, mais voir un pou, je ne sais pas pourquoi, ça me donne la chair de pou...le!*
Se moque Michel.

Élyka _ *Arrêtez d'en parler! Ça me pique partout maintenant!* Se plaint Élyka en se grattant la tête à deux mains.

Michel _ *C'est sur ou plutôt dans ta tête que ça se passe ma puce !* Plaisante son paternel.

Joëlle _ *Ça va faire les mauvais jeux de mots chéri! Après le souper je vais tous vous examiner pour être certaine que personne n'a de poux, ça vous va comme ça?*

Joëlle _ *Michel, s'il te plaît, range la cuisine pendant que je m'installe au salon pour examiner la tête de chacun des enfants.*

Évidemment Michel préfère et de loin s'occuper de tout ranger de peur de se retrouver nez à nez avec une de ces quasi microscopiques et horribles bestioles!

Heureusement aucun enfant n'avait attrapé de ces ignobles petites bibittes. La petite routine quotidienne reprend son cours, douche, pyjama, brossage de dents et dodo.

Le lendemain matin, au moment de partir pour l'école, Maude apparaît dans le hall d'entrée drôlement fagotée! Elle porte sur sa tête une tuque, une casquette en plus du capuchon de son gilet.

Michel _ *Maude, veux-tu bien me dire où tu t'en vas affublée de la sorte?*

Maude _ *Ben, à l'école papa!*

Michel _ *Est-ce que la météo prévoit un tsunami pour aujourd'hui?*

Maude, Max et Élyka _ Hein! Un quoi?

Michel prend le temps de leur expliquer ce qu'est un tsunami. « *Quand j'ai vu Maude avec toutes les couches de chapeaux qu'elle s'est empilés sur la tête, j'ai cru qu'elle avait peur qu'un raz de marée lui tombe dessus!*

Maude _ *Voyons papa, c'est juste que... plus j'ai de couches d'épaisseur sur ma tête, moins les poux pourront y accéder.*

Joëlle _ *Pas besoin de tant de précautions les enfants, assurez-vous seulement de ne pas porter les chapeaux de vos amis et de ne pas vous coller la tête l'un sur l'autre et cela devrait suffire.*

Ce même jour, vers 16h, la surveillante au service de garde téléphone à Joëlle pour l'aviser de venir chercher ses enfants immédiatement. Max a probablement attrapé des poux, il se gratte le fond de la tête depuis la fin des classes. Heureusement que Joëlle est déjà sur le chemin de l'école tandis que Michel passera prendre Charles à la garderie après être allé à la pharmacie acheter un traitement contre les poux. Joëlle fait le tour de l'école pour ramener ses quatre rejetons à la maison.

Toute la famille est à nouveau réunie dans la salle à dîner.

Joëlle _ *J'imagine qu'il y a une mini épidémie de poux à l'école?*

Maude _ *Non maman, il y a juste Max et deux autres personnes qui en ont attrapé.*

Joëlle _ *Pauvre amour, tu as été vraiment malchanceux. On ne prendra pas de chance, on* *va tous se faire un shampoing et un traitement contre les poux.* Dit-elle à Max.

Maude _ *Malchanceux? Ben non maman, je l'ai vu mettre la casquette de son ami Dominic à la récréation! Un des deux élèves qui ont des poux.*

Joëlle _ *Max! Pourquoi n'as-tu pas respecté les consignes?* Dit Joëlle vraiment désappointée.

Max _ *Ben! La prof a pigé mon nom pour que je fasse mon exposé oral tout de suite après le dîner, donc je pensais pouvoir me défiler si on me retournait à la maison à cause des poux, mais comme ce n'est pas instantané, ma tête a commencé à piquer seulement à la fin du dernier cours.*

Joëlle est découragée, elle sait toute la corvée qui l'attend en fin de semaine : shampoing anti poux pour tous les enfants, lavage des draps, isolement des toutous des enfants, passer au peigne fin chaque chevelure. Malgré l'ampleur du travail, Michel se met à rire. *« C'est bien le fils à son père! Avoue mon amour que ton gars est très intelligent pour avoir pensé à ça! »* Ose-t-il dire à son épouse!

Joëlle _ *Intelligent tu dis? Et tu trouves ça drôle? J'ai de bonnes nouvelles pour toi mon homme! Étant donné que tu es le seul ici à ne pas avoir de cheveux, c'est toi qui devras faire nos traitements et passer nos cheveux au peigne fin! Avoue, tu ne t'attendais pas à ça n'est-ce pas?* Rigole Joëlle à son tour.

Michel _ *Mais...mais... mon amour, tu sais comment ça me rebute ces vilaines de bibittes-là!* Dit Michel affolé!

Quelques heures plus tard, il ne reste que Max à traiter et Michel lui réserve une surprise de taille! Au lieu de lui faire un shampoing comme aux autres, Michel emmaillote son fils dans a une grande serviette...

Michel _ *Max, comme je t'aime de tout mon cœur, je veux m'assurer que tu n'attraperas plus de poux d'ici la fin de l'année scolaire, c'est pourquoi je t'ai réservé le traitement royal!*

C'est alors que Supère (alias Michel) sort son « clipper » électrique et rase tous les cheveux de son fils. Max est saisi, il n'a aucune réaction, il sait bien que sa sentence est bien méritée. « *Dis-toi bien que papa fait ça parce qu'il t'aime!* »

Après la coupe de cheveux…

Max _ Soudain, le garçon déclare à sa famille *:* *« Mon exposé oral portait sur la règle de grammaire du pluriel des mots : bijou caillou chou genou hibou et pou. Vous savez que ces exceptions prennent un x au pluriel?»*

Max _ Tout fier, Max continue sa déclaration de plus belle en faisant le clown… *Eh bien moi, à présent, je personnifie cette règle de grammaire; quand papa m'a rasé avec le clipper, j'avais les yeux ronds comme un hibou, j'ai maintenant la tête nue comme un caillou et comme un genou, mon crâne brille comme un bijou, pour moi, c'est fini les poux et malgré tout ça, je n'aime toujours pas manger du chou!*

Toute la famille a terminé la soirée dans les rires où tout un chacun s'est mis à inventer des phrases aussi drôles les unes que les autres truffées de règles de grammaire.

18

L'histoire cachée

En ce bel après-midi de printemps, Michel rend service à Jawal, son ami marocain. Il l'accompagne en voiture à son examen de conduite automobile. La circulation est dense, mais les chauds rayons du soleil compensent pour cet inconvénient.

Jawal _ *Merci beaucoup Michel de prendre de ton temps pour moi, sache que j'apprécie énormément. Je doute que ça risque d'être un peu long pour toi.*

Michel _ *Ça me fait plaisir, les amis sont là pour ça!*

Jawal _ *T'as pas idée combien ça me dépanne. Avec le bébé qui va naître, je ne me vois plus prendre le bus et le métro avec une poussette. Avec mon permis en règle, j'aurai le loisir de me chercher un meilleur boulot beaucoup mieux rémunéré.*

Michel compatit avec son ami Jawal, puisque ce dernier travaille dans un petit café resto au salaire minimum.

Michel _ *Je ne comprends toujours pas pourquoi le Canada ne reconnaît ni ton permis de conduire du Maroc, ni tes diplômes de médecine. On est tellement en manque de médecins ici!*

Jawal _ *Pas suffisamment faut croire! C'est aberrant, quand on pense que j'ai pratiqué comme médecin urgentologue pendant 10 ans dans mon pays et j'y ai conduit une voiture pendant 15 ans! J'arrive au Canada et mes diplômes et mon permis ne valent plus rien! Bien entendu, concernant la signalisation routière et les habitudes de conduite, ça diffère d'un pays à l'autre ça je peux comprendre...*

Michel _ *Par contre pour la médecine, je parierais que le gouvernement est assez con pour penser que le corps humain est différent aussi d'un pays à l'autre!* Ironise Michel. Les deux amis rient de bon cœur.

Toujours retardés par le trafic ils sont immobilisés à un feu rouge. Soudain, un piéton traverse l'intersection à un feu prioritaire. Trop tard! Il s'est aventuré dans la voie sans regarder.

On entend un crissement de pneus! La voiture qui vient dans l'autre sens roule beaucoup trop vite, l'impact est terrible! L'homme fait un vol plané de 3 mètres dans les airs! Hâtivement, le chauffard prend la fuite! Tous les gens sont consternés! Le fautif ne s'est même pas arrêté pour porter secours au blessé! Michel et son ami sortent aussitôt de la voiture. Jawal habitué d'intervenir lors de traumas s'agenouille et prend immédiatement le pouls de l'accidenté.

Jawal _ *Vite! Appelle le 911, il est en arrêt cardiaque!* Michel compose illico pendant que Jawal débute les manœuvres de réanimation cardiaque tout en vociférant : « *Allez jeune homme! Tu vas vivre! Bats-toi!*» Jawal fait tout ce qu'il peut pour sauver la vie du piéton.

Tout à coup, une camionnette noire s'arrête brusquement tout près de l'accident. Deux hommes en habits noirs en sortent. Ils s'approchent aussitôt de Jawal et l'empoignent chacun par un bras!

L'homme en noir _ *Nous sommes des Agents spéciaux du Collège des médecins! Vous avez déjà été prévenu Monsieur, défense pour vous de pratiquer la médecine au Canada!*

Michel tente d'intervenir, mais les deux hommes obligent Jawal à monter dans la fourgonnette. Michel les regarde s'éloigner, impuissant.

Puis il se tourne vers les ambulanciers arrivés en catastrophe. Ceux-ci couchent le blessé sur une civière et l'installent dans l'ambulance. Un drap recouvre tout le corps ainsi que le visage de l'homme. Malheureusement, il n'y avait plus rien à faire, l'ambulancier n'a pu que constater le décès!

19

Le Club des bons dîners!

Un beau samedi d'octobre, Maude accompagnée de sa jeune sœur Élyka, fait le tour des commerces du quartier afin de solliciter l'aide des gens. Elles entrent dans un salon de coiffure et s'adresse à l'employée qui est au comptoir-caisse.

Maude _ *Bonjour madame!*

L'employée _ *Bonjour jeunes filles vous venez rejoindre votre maman?*

Maude _ *Non, non, ma sœur et moi on a décidé de faire comme «Le « Club des petits déjeuners » et de ramasser des sous pour offrir un bon dîner aux enfants de notre école qui sont pauvres et qui ne peuvent pas se payer un repas à la cafétéria.*

La coiffeuse est stupéfaite devant l'initiative de ces deux jeunes.

L'employée _ *Bravo les filles! Évidemment que je vais vous encourager. Est-ce qu'il y a un montant minimum à donner?*

Maude _ *Non madame, vous donnez ce que vous voulez.*

L'employée _ *Ah! Que tu es mignonne petite! Attends un peu, voilà vingt dollars. Est-ce que vous inscrivez le nom de notre commerce quelque part, par exemple sur une tasse à café ou un t-shirt?*

Élyka ne comprend pas trop, elle examine sa sœur en espérant qu'elle pourra répondre à cette question.

Maude _ *En fait, c'est ce que nous voulions faire, mais si on utilise l'argent recueilli pour acheter des tasses à café ou autre chose, il ne restera plus assez d'argent pour payer les dîners.*

L'employée _ *Tu as bien raison jeune demoiselle. Écoute, si tu veux je peux te donner le même montant à ma paye à chaque semaine, ça sera ma façon de contribuer et de m'assurer qu'un enfant mange à sa faim à l'école.*

Maude et Élyka _ *Merci madame!* Lancent en chœur les deux jeunes en quittant.

Les deux filles réussissent à amasser une bonne somme en quelques heures à peine et chacun des commerçants donateurs propose de donner chaque semaine le même montant. Les deux petites sœurs sont vraiment fières de leur idée. Elles se confient à leur frère Max.

Quelques semaines plus tard, Michel a un haut-le-cœur en ouvrant la porte du frigo. D'un contenant de plastique émane une forte odeur de vinaigre et de pourriture! En l'ouvrant, il découvre des restes de viandes froides devenues vertes! Il s'empresse de tout jeter à la poubelle.

Michel a horreur de jeter de la nourriture, habituellement ses enfants vident tous les contenants rapidement. Ça arrive même très souvent que Michel doive remplir le frigo au beau milieu de la semaine parce qu'il ne reste plus rien pour les lunches. Michel est surpris de la situation alors il en parle avec Joëlle.

Michel _ *Chérie, je trouve ça bizarre, mais les enfants n'ont pas mangé toutes les viandes froides cette semaine?*

Joëlle _ *Ouais, j'ai pas trop compris mais ils ont dit qu'ils voulaient changer leur alimentation depuis qu'ils ont regardé un reportage sur les abattoirs à la télé! Je voulais justement éclaircir cette situation avec eux.*

Pendant ce temps, Maude ayant entendu ses parents parler des viandes froides, elle convoque d'urgence Max et Élyka au sous-sol pour une petite réunion.

Élyka _ *J'ai l'impression de voler les gens!*

Maude _ *Ça ressemble à de la fraude, j'ai entendu une situation semblable à la commission Charbonneau l'autre jour.*

Max est énervé par le comportement de ses sœurs. *« Calmez-vous, techniquement il n'y a rien de malhonnête là-dedans puisque l'argent sert vraiment à nourrir des enfants qui ne peuvent pas se payer un dîner à la cafétéria! Ce n'est pas de notre faute si nos parents ne veulent pas nous payer la bouffe de la café! De toute façon on a dépensé presque tout l'argent cette semaine trois dîners à tous les jours...!»*

Soudain, les deux sœurs se regardent et se lèvent signifiant que la réunion est terminée. Elles montent au rez-de-chaussée.

Max _ *Vous allez où comme ça?*

Les deux filles se retournent au milieu de l'escalier et annoncent à leur frère d'un air repentant :« *On s'en va préparer notre lunch pour demain! »*

20

La cueillette

La cloche annonçant la fin des classes vient de sonner. Tous les élèves sortent de leur classe et s'en vont à leur casier. Max lui, se dirige vers le casier d'un camarade. À l'autre bout du corridor, le directeur, qui surveille les jeunes, est témoin de l'échange d'un petit sac transparent contenant une substance suspecte, comme de l'herbe verte.

Le directeur n'en croit pas ses yeux, en deux enjambées, il est auprès du casier de l'ami de Max mais trop tard, les deux jeunes garçons se sont déjà éclipsés. Selon la procédure, il téléphone à la police afin de visionner avec eux les images captées par la caméra.

Le policier _ *Ça m'a tout l'air qu'on a un nouveau trafiquant dans l'école!*

Le directeur _ *Et maintenant on fait quoi? Vous l'arrêtez ou je lui colle une suspension?*

Le policier _ *Préparez les documents pour sa suspension. Nous on va le chercher et on l'emmène au poste.*

Les policiers se rendent immédiatement à la résidence de Max et sonnent à la porte.

Max _ *« Oui?»* Dit Max étonné de voir deux policiers sur le perron.

Le policier _ *C'est toi Max Bazar?*

Max _ *Oui pourquoi?* Répond-il inquiet!

Le policier _ *Ne fais pas l'innocent, le directeur de l'école t'a vu dans le corridor remettre un sac de cannabis à ton ami!*

Max _ *Ce n'est pas ce que vous pensez monsieur l'agent!*

Le policier _ *N'essaie pas de nier. Nous avons visionné la vidéo avec le directeur de ton école! Où sont tes parents? Ils doivent t'accompagner au poste de police!*

Max est très embarrassé, ses parents ne sont pas là, il est seul à la maison et c'est avec angoisse qu'il doit laisser le policier lui passer les menottes avant de le faire asseoir sur la banquette arrière du véhicule de police, les gyrophares allumés!

Un long trois heures avant que Michel arrive au poste de police. Max lui avait laissé un message sur sa boîte vocale et comme il n'a eu le droit de faire qu'un seul appel, il n'a pas pu téléphoner à sa mère.

Max _ *Papa enfin!* Crie Max en apercevant son père. Menottes aux poignets, le jeune garçon, confus, est assis dans un minuscule local où les policiers ont l'habitude d'interroger les criminels.

Le policier invite Michel à s'asseoir près de son fils.

Le policier _ *Votre fils a été pris par son directeur d'école en flagrant délit! Il a vendu un gros sachet de marijuana à un ami de sa classe!*

Michel _ *Eh! Ben! Moi qui trouvais mon fils un peu trop sage pour son âge, je comprends maintenant pourquoi! Il fait ses mauvais coups en douce!*

Michel sourit en s'apercevant que son fils est pas mal plus dégourdi qu'il croyait.

Michel _ *Monsieur l'agent, entre vous et moi, nous avons tous été jeunes, ce n'est quand même pas si grave que ça! Puis il apprend à développer son entrepreneurship en vendant un peu d'herbe... disons presque inoffensive!*

Max vient de saisir la situation dans laquelle il y a eu une énorme méprise.

Max _ *Pas du tout papa, c'est seulement de l'achillée millefeuilles que j'ai vendu à mon ami Jonathan. Dès qu'un de mes amis attrape un rhume, j'essaie de lui en vendre pour qu'il guérisse plus vite!* Explique Max indigné que son père ait pu penser du mal de lui!

Le policier _ *Depuis deux heures qu'il essaie de nous faire croire qu'il cueille des herbes médicinales autochtones! Très drôle, tant qu'à y être, pourquoi pas de la tisane tiens! C'est la meilleure celle-là, bien essayé mon garçon!* Dit le policier sarcastique.

Michel _ *Quoi? Tu as vendu mon achillée millefeuilles? Es-tu conscient du nombre d'heures et de tout le travail que j'ai mis à cueillir et à sécher ces herbes? T'as pas fini avec moi! Privé de sortie pour un mois! Je me demandais pourquoi mes réserves diminuaient* *aussi vite! Je n'en reviens pas! Attends que le printemps arrive, tu vas y aller te promener dans le bois!*

Michel est furieux, puisque chaque année il met beaucoup de temps et d'énergie à trouver, cueillir et sécher cette plante qu'il utilise pour soigner le rhume des membres de sa famille! Il n'est pas question qu'il fournisse tout le voisinage!

Entretemps, le directeur de l'école a communiqué avec Jonathan, l'ami de Max, et celui-ci arrive au poste accompagné de ses parents, avec le sachet d'achillée millefeuilles.

Le policier est satisfait de voir que Max n'a rien fait d'illégal, il s'empresse de lui retirer les menottes.

Le policier _ *Tiens mon jeune, tu peux partir en paix, je suis sincèrement désolé de ne pas t'avoir cru!* Déclare le policier.

Michel continue de disputer son fils et le prévient qu'il va travailler beaucoup d'heures tout l'été à cueillir des plantes dans les bois et à se faire piquer par les moustiques!

Max, les larmes aux yeux se tourne vers le policier et le supplie : « *Pitié, Monsieur l'agent, gardez- moi ici!* »

21

Leçon de partage

Dans la maison de la famille Bazar, il est dix heures du matin et Michel mets ses deux mains en porte-voix. *« Debout tout le monde! Nous sommes dimanche, habillez-vous de votre linge le plus laid, nous partons tout de suite après le petit déjeûner! »* Crie Michel à tue-tête.

Quelques minutes plus tard, tous sauf Joëlle, la maman trop fière, sont attifés de vêtements tout à fait dépareillés.

Joëlle _ *Tu fais honte à la famille!* Lance Joëlle désespérée en examinant les fripes dont son mari s'est affublées.

Michel _ *Fais-moi confiance, non seulement c'est bon pour nous, mais c'est excellent pour l'éducation des enfants! Ils vont apprendre le partage et l'humilité, bref nous allons faire d'eux de bien meilleures personnes!* Dit Michel confiant de sa méthode.

Joëlle _ *Fais ce que tu veux, mais moi je reste à la maison!*

Michel n'a pas réussi à convaincre son épouse du bienfondé de cette extraordinaire expérience, il part quand même en voiture avec les cinq enfants en direction du centre-ville.

Arrivé à une intersection achalandée Michel s'adresse aux petits dans la voiture.

Michel _ *Écoutez-moi bien les enfants, vous allez rencontrer des gens moins nantis que nous, des sans abri, alors ayez l'air aussi misérables qu'eux et surtout ne dites pas un mot!*

Maude _ *On va faire quoi au juste papa avec ces gens-là?* Demande Maude intriguée.

Michel _ *Nous allons démontrer qu'on n'a pas besoin d'être riche pour être généreux!*

Michel roule jusqu'à la prochaine intersection et s'immobilise au feu rouge. Un itinérant s'approche aussitôt exhibant un verre de styromousse rempli d'argent. Michel descend sa fenêtre pour s'entretenir avec le pauvre homme.

L'itinérant _ *Pardon monsieur, auriez-vous un peu de change s'il vous plaît?*

Michel regarde ses enfants et lui rétorque *«*
Malheureusement, regardez derrière, j'ai cinq
enfants, je ne suis même pas capable de leur
acheter des vêtements convenables, tous leurs
camarades se moquent d'eux à l'école à cause de
leurs guenilles. »

L'itinérant _ *Ce n'est pas drôle pour eux, j'ai*
vécu ça aussi quand j'étais jeune, je compatis
avec vous et votre famille!

Aussitôt dit, le « quêteux » vide le contenu de son
verre dans la main de Michel, il doit y en avoir
minimum pour 15 dollars en pièces de 1$ et de
2$ en plus des pièces de vingt-cinq sous.

L'itinérant _ *Ce n'est pas grand-chose, mais*
c'est de bon coeur. Bonne chance monsieur et
bonne journée!

Michel _ *Merci ben! Vous êtes très charitable!*

Supère (alias Michel) roule vers la prochaine
intersection où il repère un ou deux autres sans
abri… Avant de stopper, il affirme à ses enfants
assis derrière lui*: « Vous voyez, même les plus*
pauvres, peuvent être très généreux! »

22

L'hôpital

Aujourd'hui Michel prend congé pour accompagner son fils Charles chez le pédiatre pour son examen annuel. Il en profite aussi pour aller visiter son père qui vient d'être admis à l'hôpital.

Récemment, la famille a appris que grand-père Bazar est atteint d'un cancer incurable et qu'il n'en a plus que pour quelques semaines. Évidemment, Michel profite de chaque occasion pour lui rendre visite. Il a l'habitude d'y aller seul, mais cette fois, au grand plaisir de grand-papa, Charles le plus jeune, l'accompagne à l'hôpital.

Celui-ci est tout heureux car pour une fois, il aura toute l'attention de Papi qui normalement est partagée entre lui, son frère et ses sœurs.

Dès que Michel et Charles franchissent la porte d'entrée principale, ils se désinfectent les mains avec un produit antibactérien placé là à cet effet.

Une fois dans le corridor qui mène à la chambre du grand-père, Charles est très impressionné de voir autant de médecins et d'infirmières sur l'étage.

Au moment d'entrer dans la chambre de son père, une infirmière intercepte Michel et son fils!

L'infirmière _ *Excusez-moi monsieur, mais il faut avoir minimum douze ans pour pouvoir visiter un patient*!

Michel _ *Ne soyez pas inquiète madame, je suis majeur et vacciné!* Réplique Michel en souriant.

L'infirmière _ *En fait ce n'est pas vous le problème, c'est plutôt l'enfant qui vous accompagne!*

Michel est non seulement étonné de ce qu'il vient d'entendre, mais il est très agacé qu'on empêche le petit de voir son grand-père.

Michel _ *Écoutez Madame l'infirmière, l'oncologue nous a informés qu'il ne reste à papa que quelques semaines à vivre et j'aimerais bien que mon fils puisse voir son grand-père pour une dernière fois!*

L'infirmière _ *Le règlement, c'est le règlement!*

Michel respire à fond et reprend le chemin vers la chambre du malade. En passant devant l'infirmière, il lui déclare de but en blanc!

Michel _ *À présent, j'emmène mon fils dans la chambre de son grand-père. Lorsque vous serez absolument certaine de pouvoir prolonger la vie de mon père d'une dizaine d'années, afin que le petit respecte votre règlement, alors là et seulement là, je ferai demi-tour!*

L'infirmière interloquée regarde l'oncologue afin que celui-ci fasse respecter le fameux règlement. Le spécialiste, beaucoup plus humain, sourit et fait signe à Michel et à son fils d'entrer dans la chambre de grand-papa!

Achevé d'imprimer aux US en Décembre 2015

Dépôt légal Novembre 2015.

ISBN 978-2-9814399-1-8

Édition Michel Proulx

Châteauguay, Québec

michelproulxhumour@videotron.ca

www.ingramcontent.com/pod-product-compliance
Lightning Source LLC
Chambersburg PA
CBHW061729020426
42331CB00006B/1168